btb

Eric Wrede
mit Alex Raack

Auf Leben und Tod

Gespräche über das, was am Ende bleibt

btb

Der Verlag behält sich die Verwertung der urheberrechtlich geschützten Inhalte dieses Werkes für Zwecke des Text- und Data-Minings nach § 44 b UrhG ausdrücklich vor. Jegliche unbefugte Nutzung ist hiermit ausgeschlossen.

Penguin Random House Verlagsgruppe FSC® N001967

1. Auflage
Taschenbuchausgabe Oktober 2024
btb Verlag in der Penguin Random House Verlagsgruppe,
Neumarkter Str. 28, 81673 München
Copyright © Eric Wrede
Covergestaltung: Semper Smile, München
Satz: GGP Media GmbH, Pößneck
Druck und Einband: GGP Media GmbH, Pößneck
mn · Herstellung: han
Printed in Germany
ISBN 978-3-442-77471-5

www.btb-verlag.de
www.facebook.com/penguinbuecher

Inhalt

Vorwort von Eric Wrede

7

Der Publizist Hajo Schumacher über das Altern

11

Der Palliativmediziner Achim Rieger über den Tod

32

Der Comedian und Aktivist Dr. Eckhart von Hirschhausen
über nachhaltiges Sterben

56

Die Hip-Hop-Band Antilopen Gang
über Depressionen und Selbstmord

77

Die Rechtsmedizinerin Josephine Janke über Pathologie

77

Die Moderatorin und Schriftstellerin Sarah Kuttner
über trauernde Eltern

116

Der Moderator und Autor Ralph Caspers
über Kinder und den Tod
131

Der Schriftsteller Sebastian Fitzek
über das, was bleibt
155

Der Musiker und Schriftsteller Sven Regener
über das Abschiednehmen
168

Der Musiker und Autor Flake über Trauer
189

Die Schauspielerin Anke Engelke über Trauerreden
205

Die Musikerin Judith Holofernes über Trost
218

Danke
237

Vorwort

Tod und Trauer sind keine Tabuthemen. Waren sie wahrscheinlich nie. Keine Ahnung, wann dieses Märchen aufgekommen ist. Genützt hat es eigentlich nur einer Industrie, die davon gelebt hat, dass viel zu wenig über sie gesprochen wird – der Bestattungsbranche. Seit meinem ersten Buch *The End: Das Buch vom Tod* sind knapp sechs Jahre vergangen. In dieser Zeit ist viel passiert. So viel mehr Menschen haben sich getraut, sich mit dem Lebensende auseinanderzusetzen – auch aufgrund des Buches, wie mir die Reaktionen gezeigt haben. So viel mehr Medien haben die Themen Sterben und Trauern behandelt und darüber berichtet. So viel mehr Bestattungshäuser – vornehmlich junge Unternehmen – haben angefangen, sich für die Individualität von Sterbenden und Trauernden einzusetzen und zu erkennen, was über so viele Jahre in diesem Bereich nicht richtig lief. Falsche Pietät und aufgesetzte Würde haben dazu geführt, dass an den Bedürfnissen der Menschen vorbeigearbeitet wurde. Diese Fehler werden immer noch gemacht. Aber unsere Reise ist ja auch noch nicht zu Ende.

Die Reaktionen auf das Buch und die Erfahrungen bei Lesungen und Veranstaltungen haben mir klargemacht, dass die Menschen gerne über diese Themen sprechen. Nicht nur mit mir, sondern auch untereinander. Über das Trauern, darüber, wie Erinnerungen bewahrt werden, wie man Sterbende begleitet, wie man sie erlebt hat. Diese Gespräche habe ich stets als respektvoll, emotional und hochinteressant erlebt. Es wurde geweint, gelacht, vor allem aber: gelernt. Das Gespräch als Basis der Wissensbildung. Eine Gesellschaft auf der Suche nach ihrem Umgang mit dem Tod muss reden und auch ein bisschen streiten. Und das bitte miteinander.

Auch ich lerne jeden Tag dazu: was Menschen in ihrer Trauer brauchen. Wie man sie dabei unterstützen kann. Und was eigentlich mit uns passiert, wenn wir uns intensiv mit dem unweigerlichen Thema auseinandersetzen. Mir ist längst bewusst geworden, dass es nicht den einen Weg gibt, um richtig mit Trauer und Tod umzugehen. Jeder Mensch ist anders, auch am Ende seines Lebens oder wenn ein anderes Leben zu Ende geht. Ich möchte gerne Helfer bleiben und nicht allwissendes Medium. Als Unterstützer und Begleiter und keine Gefahr für die individuelle Freiheit.

Es wurde mir schnell klar, dass es primär Gespräche und die daraus resultierenden Handlungen sind, von denen eine Veränderung unserer Abschiedskultur ausgeht. Und ich habe angefangen, diese Gespräche in Form eines Podcasts aufzunehmen: *The End – der Podcast auf Leben und Tod*. Als Interviewgäste lud ich mir Fachleute aus dem medizinischen oder therapeutischen Sektor, Musikerinnen und Musiker, Schauspielerinnen und Schauspieler, Künstler und Betroffene ein. Es dauerte nicht lange, bis der RBB (Rundfunk Berlin-Brandenburg) das Format unterstützte und begleitete. Aus all diesen zahlreichen Gesprächen haben wir für dieses Buch zwölf Stück ausgesucht. Sie berühren bestimmte Themenfelder meiner und unserer Arbeit so sehr, dass wir sie verschriftlichen und kommentieren wollten, um noch einmal einen anderen Zugang zu den behandelten Themen zu schaffen.

Keines dieser Gespräche hat den Anspruch auf Wahrheit, aber jeder gesprochene Satz lädt dazu ein, mitzudenken und vor allem mitzusprechen. Mit uns und mit anderen. Sei es im Gespräch mit dem Palliativmediziner Achim Rieger, der uns erklärt, wie er sterbende Menschen als Arzt und Mensch unterstützen kann. Sei es im Gespräch mit Anke Engelke, die mit ihrem tiefgründigen Humor Fragen aufwirft, die kaum ein Pastor so zu stellen vermag. Oder Rammstein-Keyboarder Flake, wenn er über den perfekten Friedhof sinniert und sich fragt, warum eigentlich keine Spielplätze neben Omas Grabstein stehen.

All diese Gespräche in den Podcasts und nach den Lesungen haben in mir noch einmal etwas verändert. Ich glaube, dass es weiterhin eine wichtige Aufgabe von uns Bestatterinnen und Bestattern bleibt, an den Grundfesten dieser Branche zu rütteln. Es darf bei unserer Arbeit – neben der wirtschaftlichen Notwendigkeit – nicht darum gehen, den Menschen überteuerte Särge, Diamanten oder schreckliche Urnen zu verkaufen, sondern ihnen Raum zu bieten für ihre Emotionen und ihre Trauer. Gemeinsam herauszufinden, was sie in ihrer Trauer brauchen und wie wir ihnen dabei helfen können. Ja, die Branche hat dazugelernt, aber es reicht eben nicht, einen freundlichen Auftritt in den sozialen Medien hinzulegen oder einen nachhaltigen Sarg ins Schaufenster zu stellen. Da ist noch viel zu tun.

Die Veränderung muss aber auch auf der anderen Seite weitergeführt werden. Bei den Menschen, die jemanden verlieren oder wissen, dass sie bald sterben werden. Ich frage mich jeden Tag, wie man diese Menschen unterstützen kann. Egal, ob jung

Vorwort

oder alt, konservativ oder alternativ. Die Fragen zum Lebensende müssen so gestellt werden, dass sie jeder beantworten kann und auch möchte. Tod und Sterben werden gerade diesen Menschen als Tabuthemen vorgespielt und sind als diese in ihrem Unterbewusstsein eingebrannt. Machen Sie doch selbst einmal den Test und lesen irgendeinen Artikel oder schauen einen Beitrag zum Thema. Irgendwo wird immer das Wort »Tabu« auftauchen. Für die meisten von uns wird der Tod allerdings vor allem zu einem Tabu, weil uns schlicht die Orientierung fehlt. Es fehlen Wegweiser, um zu zeigen, wie wir über das Sterben sprechen können, ohne gleich pathetisch, anmaßend, altklug oder lebensfremd zu wirken. Dabei ist das gar nicht so schwer, wenn man einmal damit angefangen hat. Die Gespräche in diesem Buch sind ein gutes Beispiel dafür.

Als wir mit dem Projekt begannen, war ich mir nicht sicher, ob wir auch genügend Interviewpartner für diese Idee finden würden. Ich wurde eines Besseren belehrt. Keinen meiner Gäste haben wir zweimal anfragen müssen. Stattdessen war es jeder und jedem offenbar ein dringendes Bedürfnis, über dieses Thema zu sprechen.

Ich bin fest davon überzeugt, dass in diesen Gesprächen, allen aufgenommenen und allen hier noch einmal bearbeiteten, die Kraft liegt zu zeigen, wie wichtig der menschliche Umgang mit Tod und Trauer ist. Wie groß unser Bedürfnis ist, darüber zu reden, wenn wir den richtigen Rahmen finden, und wie viel wir gemeinsam verändern können.

Viel Spaß beim Lesen, Widersprechen, Mitdenken, Mitweinen und Mitlachen.

Euer Eric

Der Publizist **Hajo Schumacher** über das Altern

»Der Tod ist eine Sau und schlägt meistens unvorbereitet zu.«

Hajo Schumacher, nach eigener Aussage der »klassische überversicherte Deutsche«, hat sich schon viele Gedanken über das Älterwerden gemacht. In seinen Texten, seinen Kommentaren, seinen TV-Auftritten – und vor allem in diesem nachfolgenden Interview. Romantisieren will er das letzte Drittel seines Lebens nicht, romantische Gedanken hat er trotzdem – »auch wenn der Tod keinen Sinn für Romantik hat«, wie er sagt. Welche Pläne hat er für den letzten Abschnitt seines Lebens? Welche Gedanken macht er sich über den Tod? Und welche Rolle spielt dabei eine heruntergekommene Gärtnerei in Brandenburg?

Eric Wrede: Hajo Schumacher, warum interessiert sich einer für das Älterwerden und die Vorbereitungen auf den Tod?

Hajo Schumacher: Bei mir hatte das unterschiedliche Gründe. Als politischer Journalist musste ich mich schon sehr oft mit dem Thema Rente befassen und vor allem mit dem ganzen Mist, der dazu schon verzapft wurde. Verzapft wird, denn erst im letzten Bundestagswahlkampf ging es um die Anhebung des Rentenalters auf 68 – wo doch die Experten wissen, dass die Grenze eher bei 70 Jahren oder noch höher liegen müsste. Dieses Rentenalter stammt noch aus Bismarcks

Zeiten. Damals bekamen die Menschen im Schnitt nur ein paar Jahre Rente, weil sie dann nämlich tot waren. Ich selbst bin Jahrgang 1964, der geburtenstärkste Jahrgang aller Zeiten. Das Modell, in dem unsere Kinder unsere Renten zahlen, wird rein rechnerisch bald schon gar nicht mehr möglich sein. Was bedeutet, dass wir Boomer im Alter eher ärmer als reicher werden – wenn wir nicht Vermögen angehäuft oder geerbt haben. Was bei mir beides leider nicht der Fall ist. Automatisch stellt man sich dann die Frage, was mal wie werden wird, wenn es für einen selbst so weit ist.

Meine ersten Berührungspunkte mit dem westdeutschen Rentenmodell reichen zurück in die Zeit kurz nach der Wende. Da saß ich mit meiner Mutter im Flieger zu den Kanarischen Inseln. Mein Sitznachbar war ein sehr fröhlicher älterer Herr, der von seinem Leben erzählte. Der hatte jahrzehntelang bei Daimler gearbeitet und bekam mehr Rente, als wir beiden eines Tages vermutlich zusammen bekommen werden. Das muss die letzte Generation gewesen sein, die sich durch Arbeit den Ruhestand vergolden lassen konnte.

Ich bin da frei von Neid. Aber unsere Generation weiß, dass die Rente eben nicht sicher ist. Und dass es Quatsch ist, sich auf politische Versprechungen oder besondere Rentenmodelle zu verlassen. Dazu kam die persönliche Erfahrung mit meiner Mutter. Die hatte eine dieser klassischen Witwenkarrieren, bei der der Bekanntenkreis im Laufe der Jahre immer kleiner wird und sich die Mobilität nach und nach einschränkt. Irgendwann stürzte sie schwer mit dem Fahrrad. Als ich in ihrer Wohnung in Münster saß, machte ich mir erstmals intensiv Gedanken über dieses Lebensmodell der letzten Jahre. Bei dem man praktisch immer weiter von der Bildfläche verschwindet, bis man irgendwann gar nicht mehr da ist. Da wurde mir klar, dass ich dieses Modell unter keinen Umständen für mich selbst wollte.

Ich muss dabei an meine Oma in Rostock denken. Die hat mit beginnender Demenz und Altersdepression zu kämpfen. Aber alle Angebote, sie zu uns nach Berlin zu holen, lehnt sie ab, weil sie niemandem zur Last fallen möchte. Und auch gar nicht glaubt, dass sie diesen Aufwand wert ist.
»Mir geht es gut«, hat meine Mutter jedes Mal gesagt, wenn man sie gefragt hat. Das war eine Lüge. Mein Vater starb, als ich fünfzehn war. Sie war über dreißig Jahre lang Witwe, wohnte in einem kleinen Eisenbahnerhaus und war fast schon beschämt darüber, dass ihr die Deutsche Bahn die Rente zahlte. Sehr typisch für diese Generation im Rentenalter.

Eric: Ich finde es manchmal krass, wie viel Schmerz diese Generation sich selbst und ihren Nachkommen angetan hat, weil ihnen die Mittel der Kommunikation fehlten. Darüber kann man lange streiten, kann nach den Gründen suchen, kluge Herleitungen finden, doch am Ende bleibt einfach ein immenser Schaden, mit dessen Auswirkungen wir in unserer Arbeit täglich zu tun haben. Familien oder Freunde, die viel zu spät realisieren, dass es Oma schlecht geht. Oder mein Opa, der auch noch stolz darauf war, nur im äußersten Notfall einen Arzt aufgesucht zu haben, und dem dieses Verhalten zum Verhängnis wurde.

Es ist gut und richtig, klar zu formulieren, was man braucht und was einem fehlt. Spätestens die Generation Hajo hat damit angefangen und somit den Weg für eine offenere und ehrlichere Gesellschaft bereitet.

Ich beschreibe Boomer als eine sich wertschätzende Generation, der es wichtig ist, sich auch mal was zu gönnen. Wie siehst du das?

In mir steckt schon noch sehr viel von diesem alten Spirit. Thema Sicherheitsdenken: Ich bin der klassische überversicherte Deutsche. Bausparvertrag, Lebensversicherung, habe ich alles. Selbstverwirklichung war einer der Schlachtrufe meiner Generation. Aber ich habe auch viel von dieser protestantischen Bescheidenheit in mir, die einen immer wieder ermahnt, dass man nicht besser ist als andere und sein Geld gefälligst nicht zum Fenster rausschmeißt. Und letztlich auch dieser Wahn, dass man seinen Kindern unbedingt etwas vererben muss. Meiner Mutter war das sehr wichtig. So anders ticke ich also auch nicht.

Aber du würdest vermutlich nicht jahrzehntelang im Eisenbahnerhaus wohnen, um dort langsam zu vereinsamen.

Das stimmt, wobei ich mich bei den Recherchen für mein Buch (Anm. des Autors: Hajo Schumacher: *Restlaufzeit. Wie ein gutes, lustiges und bezahlbares Leben im Alter gelingen kann.* Köln 2014) auch von der ja sehr populären Idee des Mehrgenerationenhauses verabschiedet habe. Diese Vorstellung von einem fröhlichen Bullerbü, wo Oma der Enkelin mit den Hausaufgaben hilft, während Papa die Einkäufe für Opa macht und alle glücklich unter einem Dach leben, funktioniert so nur im ZDF. In der Familie, die ich besuchte, blieb die Arbeit vor allem an der Mutter hängen, die als gelernte Krankenpflegerin nicht nur für den Haushalt und die Pflege der Oma zuständig war, sondern auch ihren Mann versorgen musste. Der hatte einen Schlaganfall erlitten. Häusliche Pflege ist ein Riesenthema. Mehr als achtzig Prozent aller alten Menschen werden zu Hause betreut. Dabei ist das eine Wahnsinnsaufgabe. Gerade dann, wenn Oma oder Opa dement sind und eigentlich rund um die Uhr umsorgt werden müssten. **Das ist bei unserer Arbeit auch ein Riesenthema. Nicht selten habe ich Menschen vor mir sitzen, die ihre Angehörigen rund um die Uhr gepflegt haben und für die ich gefühlt der erste normale soziale Kontakt seit Monaten bin. Ich selbst versuche, die unterschiedlichen Generationen in meiner Familie zusammenzubringen. Also zum Beispiel die Urgroßeltern oder Großeltern in der Erziehung unserer Tochter mit in die Verantwortung zu nehmen. Ob ich später mit allen unter einem Dach wohnen möchte, sei mal dahingestellt. Letztlich geht es bei der ganzen Geschichte auch um Geld. Für die Krankenkassen ist es viel günstiger, wenn die Pflege von Familienangehörigen übernommen wird. Klar, dass ihnen viel daran gelegen ist, den Menschen weiszumachen, dass es doch so viel schöner ist, wenn Oma in den eigenen vier Wänden alt wird beziehungsweise stirbt.**

Dazu kommt, dass der Job der Pflege in der Regel ein Frauenjob ist – es sind nur ganz selten Söhne oder Schwiegersöhne, die sich um Oma und Opa kümmern. Und Pflege ist ein Knochenjob.

Eine im Rahmen des Forschungsprojekts »Häusliche Pflege« durchgeführte Untersuchung hat ergeben, dass die Gesundheit von pflegenden Personen abhängig ist von der durch die Pflege entstandenen Belastung. Bei

57 Prozent der knapp 2000 Probanden bestand dringender Entlastungsbedarf. Das Ausmaß der körperlichen Beschwerden stand im direkten Zusammenhang mit dem Ausmaß des Gefühls, durch die Pflege belastet zu sein. Je größer die Belastung war, desto eher verschlechterte sich der Gesundheitszustand. Außerdem kam es bei stärker belasteten Pflegepersonen häufiger zu aggressiven Verhaltensweisen. Besonders die eingeschränkte oder oft unterbrochene Schlafenszeit hatte erhebliche Auswirkungen auf die Gesundheit und das Belastungsempfinden. Aus den Ergebnissen der Untersuchung wurden drei Empfehlungen für die Praxis abgeleitet. Erstens: Pflegende Angehörige müssen frühzeitig entlastet werden, um einem Burn-out vorzubeugen. Zweitens: Es braucht ein dichteres Netz an Beratungsstellen, die als Informationsvermittler Hilfe- und Entlastungsmöglichkeiten anbieten. Drittens: Pflegende müssen die bestehenden Angebote auch wahrnehmen.

Ich hatte mal die ehemalige MTV-Moderatorin Sophie Rosentreter zu Gast. Die arbeitet inzwischen als Pflege- und Demenzexpertin, weil sie erleben musste, wie sich ihre Mutter bei der Pflege der eigenen Mutter zu Tode schuftete. Die ist ein halbes Jahr nach dem Tod ihrer Mama selbst gestorben. Wir wissen jetzt, welche Altersmodelle nicht so gut funktionieren – welche Ideen hast du für die »Restlaufzeit« erarbeitet?

Das waren keine Ideen. Ich habe mir einfach angeschaut, wie es die Generationen vor uns gemacht haben. Und dann festgestellt, dass der größte Fehler darin liegt, das Altsein zu romantisieren. Der Klassiker: Wir kaufen uns mit ein paar guten Freunden einen alten Hof in der Uckermark und machen uns dann alles schön und toll. Dabei liegen die Probleme gerade in den kleinen einfachen Dingen, über die man bei den großen Plänen nicht gesprochen hat. Selbst der beste Freund kann zu einem Fremden werden, wenn er mit dir zusammenwohnt. Auf solche Dinge muss man unbedingt achten.

Hast du denn selbst schon romantisiert?

Ich finde diese Modelle immer noch sehr spannend. Ich bin seit dreißig Jahren verheiratet, mit allen Höhen und Tiefen. Sie ist zum Glück noch da, ich bin zum Glück noch da, aber irgendwann wird einer von uns sterben. Der Tod ist eine Sau und schlägt meistens unvorbereitet zu. Das heißt, es ist nicht verkehrt, den vertrauten Kreis im Freundeskreis zu erweitern, um zu schauen, mit wem so eine Alten-WG funktionieren könnte. Dabei sollte man auch praktisch denken und nicht immer nur die Netten und Lustigen als Kandidaten in Betracht ziehen. Vielleicht braucht man den nachdenklichen Buchhalter sogar am ehesten, denn man glaubt ja gar nicht, wie viele solcher Wohnmodelle an den ungeklärten Finanzen scheitern. Wie geht man damit um, wenn einer viel mehr Kohle hat als der andere? Gründen wir eine Genossenschaft? Wie regeln wir das vertraglich? Es ist faszinierend, wie oft solche Pläne am Kleinscheiß scheitern.

Eric: Eigentlich hatte ich mir fest vorgenommen, die hier abgedruckten Gespräche nicht zu bewerten, doch das Interview mit Hajo war für mich tatsächlich ein sehr prägendes. Weil es so viel in mir bewegt hat. Das hat er durch seine nachvollziehbare Herleitung der Gedanken und die Klarheit seiner Schlussfolgerungen geschafft. Wenn er deutlich macht, dass das Modell Rente ab Mitte sechzig vom Aussterben bedroht ist und wir uns nicht damit belügen dürfen, würde ich das gerne als Flyer in jeden Haushalt schicken. Dafür habe ich zu viele Einzelschicksale von Menschen kennengelernt, die im hohen Alter nach einem Verlust in die soziale Isolation rutschen. Wir brauchen nicht nur einen Plan fürs Alter, wir müssen sogar noch weiterdenken.

Welche Erfahrungen hast du bis jetzt bei der Vorplanung gemacht?

Dass der Tod keinen Sinn für Romantik hat. Vor einiger Zeit ist einer meiner besten Freunde gestorben. Mit 54! Der hatte nachts einen Herzinfarkt und war einfach tot. Der wäre bestimmt ein Kandidat für die WG gewesen.

Auf welche Dinge muss man im Alter besonders achten, wenn es ums Zusammenwohnen geht?

Letztlich kann genauso viel gut und schiefgehen wie in einer Studenten-WG. Eskalationen durch herumliegende Unterwäsche oder zerbrochene Lieblingstassen. Nur dass du in der Studentenbude denkst, dass später alles mal besser wird. Als alter Mensch ist deine Restlaufzeit begrenzt. Da willst du dich noch weniger mit den merkwürdigen Gewohnheiten anderer herumschlagen. Ich finde gerade das Teilen und das Miteinander ist eine Kulturtechnik, die man im Alter erst wieder lernen muss. Gerade wenn man sich viele Jahrzehnte lang in einem anderen Modell bewegt hat. Ich selbst dachte, dass ich im Alter automatisch gelassener werde und es mir noch viel egaler wird, wenn mir einer die Lieblingstasse zerhaut. Aber das Alter bringt ganz schön viel Verschrobenheit mit sich. Auch ich habe meine Rituale, meinen Tagesablauf. Dem entgegenzusteuern, ist eine große Herausforderung. Sich erst mit siebzig konkrete Gedanken über das Alter zu machen, wird schwierig. Darüber sollte man mit fünfzig zumindest schon mal nachgedacht haben.

Was zeichnet denn Wohngemeinschaften aus, die funktionieren?

Dass sie strikte Regeln haben, ausgestattet sind mit Hausordnungen und klaren Leitfäden oder einer Art Benimm-Knigge. Wir Menschen haben einfach individuelle Hemmschwellen oder Sensibilitäten, die zwangsläufig zu Konflikten führen. Finanzen hatte ich bereits angesprochen, ein Riesenthema. Der eine lässt sich das Geld für das Bier aus der Kneipe wiedergeben, der andere lässt jede Woche Runden springen. Das sollte man nicht gleich bewerten, sondern erst mal wahrnehmen und abwägen.

Wir haben recht häufig ältere Menschen bei uns im Laden sitzen, denen es monetär gut geht und die überlegen, ihr großes Haus mit der Familie zu teilen.

Nur: Was bedeutet »mein Haus«? So lange die Besitzer im Haus wohnen, sind sie auch der Boss. Darf man dann einfach das Rosenbeet kappen? Was kommt hier auf den Kompost und was nicht? Wenn Kompromisse gelingen, dann finde ich diese Form von Alterssozialismus einen sehr schönen Ansatz. Vielleicht nicht übertragbar auf die Gesamtgesellschaft, aber zumindest in unserem privaten Kosmos. Es geht immer darum, die richtige Idee für sich selbst auszuloten.

Wie geht das?

Meine Frau und ich haben in den vergangenen Jahren verschiedene Urlaube gemacht, von denen wir dachten, dass man die im Alter bestimmt ganz gut in einen Dauerzustand übertragen kann. Mit dem Wohnmobil durch Europa, noch so ein Klassiker. Auch hier, die romantische Verklärung: Immer wenn die Sonne scheint, machen wir halt, spannen unser Sonnensegel auf, trinken ein kühles Glas Rosé und schauen aufs Meer. Das Problem ist: So ein Wohnmobil ist ganz schön klein. Und man ist auch nicht immer willkommen mit so einem Schiff. In der Pandemie hat sich jede/r Zweite so ein Teil gekauft, alles steht voll damit. Ein andermal sind wir mit Freunden für ein paar Wochen im Ausland gewesen, so eine Art Übergangsmodell für den Winter. Aber da griffen die vorhin genannten WG-Faktoren, gerade was die Kommunikation betrifft. Als lang gedienter Ehepartner weiß man, dass sich kleine Sticheleien zu ziemlichen Schmerzen anhäufen können und man sich am Ende nach jedem zweiten Glas Rotwein auf der Party anfängt zu streiten. Für so was muss man eine neue Kommunikationsform etablieren. Offen, ehrlich, achtsam und gewaltfrei. Ich weiß, dass das aus dem Mund eines Journalisten paradox klingt, aber so ist es.

Der Vorteil bei sämtlichen alternativen Lebensmodellen im Alter soll doch vor allem darin bestehen, nicht zu vereinsamen, im sozialen Miteinander zu sein und nicht zu verblöden.

Und da sind wir bei einem ganz wichtigen Punkt. Ich würde sagen, das ist meine Quintessenz aus den Recherchen und eigenen Erfahrungen: Es muss schon einen Sinn ergeben, warum man sich für ein solches Modell entscheidet. In dem Moment, in dem man zusammenlebt, macht es Sinn, sich gemeinsam um etwas Sinnvolles zu kümmern. Sei es Tomaten züchten, Klimaschutz oder gemeinsam geschriebene Drehbücher. In meinem Beruf fällt es mir nach über vierzig Jahren und acht Bundestagswahlkämpfen immer schwerer, einen Sinn in der täglichen Arbeit zu finden. Umso mehr stellt sich die Sinnfrage, was ich denn eigentlich mit meinem restlichen Leben anfangen will. Und das hat bei mir überhaupt nichts mit Luxus zu tun. Der mit einem guten Freund geteilte Weißwein-Tetrapak von der Tanke ist tausendmal mehr wert als eine Fünfzig-Euro-Flasche im Sternerestaurant bei einer Veranstaltung von Armin Laschet.

Wie soll deine Zukunft aussehen?

Nach all meinen Recherchen werde ich vermutlich mit meiner Frau zusammen eine runtergewirtschaftete Gärtnerei übernehmen und Tomaten züchten. Irgendwie bin ich vernarrt in diese Idee. Und ich habe festgestellt, dass ich den Dingen wahnsinnig gerne beim Wachsen zuschaue. Das erfüllt mich mit Wirksamkeit. Selbstwirksamkeit ist der zweite Punkt, da ist mein ältester Sohn mein größter Lehrmeister. Ich gehöre zu der Aufstieg-durch-Bildung-Generation. Ich dachte, ich müsste das auch auf meine Kinder übertragen. Also noch bessere Bildung, eine noch bessere Uni, ein noch besserer Abschluss, ein noch besseres Leben. Mein Sohn hat stattdessen eine Ausbildung zum Garten- und Landschaftsbauer gemacht und ist das glücklichste Kind auf der ganzen Welt. Er ist Schlagzeuger und macht in seiner Freizeit sehr viel Musik. Sein Job ist ihm schon wichtig, auch das Geldverdienen, aber vor allem möchte er Zeit für seine sonstigen Leidenschaften haben.

Was kannst du von ihm lernen?
Ich habe diese Kombination aus Arbeit und Leben nie so gut hinbekommen. Ich dachte, den Job musst du machen, den auch und den auch, damit wir schick in den Urlaub fahren oder ein anständiges Auto fahren können. Mein Sohn denkt da anders, und davon kann ich nur lernen.

Eric: Wie mir das Herz aufgeht bei diesen Worten! Wie stark kann eine Eltern-Kind-Beziehung sein, wenn ein Vater mit so viel Stolz und Selbstreflexion auf sein Kind schauen kann? Solche Sätze, solche Momente haben mir die Arbeit an dem Podcast besonders wertvoll gemacht. Gesprächssituationen, bei denen es gar nicht um das Sterben und den Tod ging, sondern um das Leben und was wir daraus machen, solange es uns noch gibt. Das kann ich euch, liebe Leserinnen und Leser, nur mit auf den Weg geben: Sprecht offen über die großen Themen des Lebens, und ihr werdet sehr sicher ein besseres Verständnis füreinander entwickeln und euren eigenen Horizont erweitern. Einfach ausprobieren!

Welche Pläne oder Wünsche hast du noch?
Tatsächlich die Zeit haben, mich auf Themen zu konzentrieren, die nicht zwangsläufig mit tagesaktuellem Journalismus zu tun haben. Das wird auch ein Eitelkeitscheck, keine Frage. Oh, jetzt bin ich schon seit drei Monaten nicht mehr zu Lanz eingeladen worden! Das neue Buch hat sich nicht so gut verkauft! Ich muss sagen, dass meine Frau da einen großarti-

gen Job macht. Sie drängt mich nicht, mehr zu arbeiten, damit wir uns irgendwelche Sachen leisten können. Im Gegenteil, sie unterstützt mich eher, mal einen Gang rauszunehmen.

Wo soll deine Gärtnerei dann eigentlich stehen?

Ich denke, dass sich Mecklenburg ganz gut anbietet, auch mit Blick auf den Klimawandel. Relativ günstig, viel Wasser, nicht so heiß.

Und dann sitzt du da, erntest deine Tomaten und stößt abends zum Sonnenuntergang an?

Solche klassischen Wir-haben-es-geschafft-Fantasien hatte ich natürlich auch schon. Wobei in diesem Zusammenhang Altersalkoholismus ein Riesenthema ist. Ich finde es nicht erstrebenswert, mir um elf Uhr mittags auf Gran Canaria die erste Flasche Wein aufzumachen, um mich für den Rest des Tages zu betäuben. Das darf man – auch mit Blick auf pharmazeutische Erzeugnisse – nicht unterschätzen.

Hättest du die Gärtnerei nur mit deiner Frau?

Nein, da stelle ich mir schon eine größere Truppe vor. Wir üben das gerade mit einem kleinen Wochenendhäuschen. Naturgemäß steht das neunzig Prozent der Zeit leer, also sollen in dieser Zeit gerne andere Personen dort wohnen. Abgeben und Teilen, das muss man lernen. Die Gärtnerei stelle ich mir als Open House vor. Ich möchte, dass da einer um zwei Uhr morgens noch auf dem Bass zupfen darf, wenn er möchte. Und ich hoffe dann auf das Geschenk der Altersschwerhörigkeit, damit mich das nicht nervt. Insofern bin ich doch wieder da, wo ich eigentlich nicht hinwollte: dem romantischen Bild einer funktionierenden Gemeinschaft, in der nicht alle zwingend miteinander verwandt sein müssen. Und der Beruf meines

Sohnes lässt natürlich auch die Fantasie zu, dass der eigene Nachwuchs an diesem Ort zu finden sein wird.

Gute Freunde kann niemand trennen, wusste schon der Kaiser Franz Beckenbauer. Zwei Studien aus den USA und Australien sind zu dem gleichen Ergebnis gekommen: Gute Freundschaften wirken sich positiv auf die Gesundheit aus und verlängern die Lebenszeit. Der Psychologe William Chopik von der Universität Michigan untersuchte dafür Daten aus Umfragen zu Freundschaft, Glück und Gesundheit von rund 270 000 Menschen verschiedenen Alters aus hundert Ländern und glich die Ergebnisse mit einer Umfrage von knapp 8000 US-Bürgern zu den Themen Freundschaft und chronischer Erkrankung ab. Wer seine Freunde als Belastung empfand, war häufiger chronisch krank. Waren die Freundschaften eine Bereicherung, waren die Teilnehmer in der Regel auch glücklicher und zufriedener. Eine andere Studie aus Australien begleitete 1477 Personen über siebzig Jahren für ein Jahrzehnt, um herauszufinden, welchen Einfluss ein stabiles soziales Netz auf die Gesundheit hat. Das Ergebnis war recht eindeutig: Je enger und besser der Freundeskreis wahrgenommener wurde, desto höher war die Lebenserwartung der Probanden. Merke: Gute Freunde sollte man wirklich nicht trennen.

Ich habe das Segeln für mich entdeckt und mir vor ein paar Jahren ein zwölf Meter langes Segelboot gekauft. Im Winter liegt es vor La Palma, und weil wir leider nicht die ganze

Zeit da sein können, dürfen es natürlich auch Freunde und Familienmitglieder nutzen. Wenn ich ans Alter denke, dann sehe ich vor meinem geistigen Auge ähnliche romantisierende Bilder vor mir. Aber wer hätte dann auf meinem Boot oder in meinem Haus das Sagen, wenn ich auch da bin? Würde mir die schöne sonore Stimme von Hajo Schumacher auf den Keks gehen, wenn ich feststelle, dass er morgens in der Küche gerne singt? Aktuell steht die Reduzierung der Arbeitszeit im Vordergrund. Ein befreundetes Bestattungshaus hat ein geniales Modell entwickelt. Man kann ein Dreivierteljahr arbeiten – und hat dann die restlichen Monate frei. Ich glaube, da bin ich eher bei deinem Sohn. Ich liebe meinen Beruf, den habe ich mir ja ganz bewusst ausgewählt. Aber ich habe den auch, weil ich den ziemlich gut von mir suspendieren kann.

Jetzt habe ich aber auch eine Frage: Wie ist es um dein Sicherheitsbedürfnis bestellt?

Als Mitglied der dritten Generation Ost bin ich sehr panisch veranlagt. Ich habe live miterlebt, wie ein ganzes System zusammenbricht und alles auf einmal anders ist. In dieser Hinsicht bin ich ein Zwitterwesen: Ich habe leider vor nichts Angst und doch ein starkes Sicherheitsbedürfnis. Das hat bestimmt auch mit meinem Job zu tun, bei dem man so viele verschiedene Schicksale erlebt.

Und dann kommt dieser Planungswahn, bei dem man kurz denkt, dass man die nächsten zehn Jahre durchorganisieren kann. Aber Arsch lecken, dann wacht dein bester Freund mit vierundfünfzig nicht mehr auf und hinterlässt eine Frau und zwei Kinder.

In dieser Hinsicht lebe ich nach den Erfahrungen, die ich bei der Arbeit mache. Ich hatte nie den großen Sparwahn, habe mein Leben aber auch immer so gelebt, dass ich keine großen Verpflichtungen hatte. Das hat sich durch die Geburt unserer Tochter verändert. **Jetzt spüre ich den Druck, meiner Tochter ein schönes Leben zu ermöglichen, eine gute Ausbildung zu finanzieren und so weiter ...**

Ich möchte dich auf etwas Wesentliches vorbereiten, was all diese schönen Segelbootpläne ein wenig konterkariert: die Schule. Von dem Moment an, wo du der deutschen Schulpflicht unterliegst, bist du bis zu zwölf Jahre lang in Ketten. Das ist der Wahnsinn. Ich will um Gottes willen nicht das deutsche Schulsystem kritisieren oder die Lehrer. Aber all unsere Planungen kreisten und kreisen um den Schulabschluss. Acht Wochen auf dem Segelboot – versuch das mal in den deutschen Weihnachtsferien! Als der Ältere von uns beiden würde ich dir gerne noch einen Tipp mit auf den Weg geben: Meine Ehe hat deutlich an Qualität gewonnen, als wir festgestellt haben, dass permanent aufeinanderzuhocken ganz schön anstrengend sein kann. Und es vollkommen okay ist, wenn einer mal zwei Wochen auf einem Workshop ist. Das war auch die Idee, die ich mit meinem verstorbenen Freund hatte. Wir Jungs hätten den Dezember zur freien Verfügung bekommen, unsere Frauen den Januar. Für was auch immer: Schweigekloster, Surfschule, egal. *If you love someone, set him free.*

Hast du schon mit deiner Frau darüber gesprochen, wie ihr mal sterben möchtet?

Das ist in unserer Familie ein besonderes Thema. Wie gesagt, mein Vater ist mit Mitte fünfzig gestorben, meine Mutter war sehr lange Witwe. Bei meiner Frau war es andersherum, da ist die Mutter früher verstorben, der Vater wurde immer verschrobener und glitt dann irgendwann in die Demenz. Mein Bruder hat seine Frau verloren. Meine Schwester ist zweimal geschieden … Das Thema Abschied, und wie man damit für sich und mit den anderen umgeht, ist sehr präsent in unserem Leben. Und trotzdem haben meine Frau und ich noch nicht ein Mal darüber gesprochen. Vermutlich haben wir ordentlich Respekt vor Patientenverfügung, Testament und so weiter. Ich habe ein tiefes Vertrauen darin, dass sie das alles schon machen wird, wie es für mich okay wäre, wenn ich mal tot bin.

Du bist Teil einer Generation, bei der erstmals Freundeskreise und Familie sehr ineinander übergehen, wo der beste Freund im Alter wichtiger sein kann als der eigene Bruder. Meine Kundinnen und Kunden frage ich immer: Wie genau wollt ihr gehen, wie stellt ihr euch euren Abschied vor?

In den vergangenen Jahren sind wir dabei in eine buddhistische Richtung abgeglitten. Die zugegeben sehr katholische Vorstellung, dass nach dem Tod die Hölle wartet, wenn man nicht in dem Himmel kommt, fand ich jedenfalls schon immer ausgesprochen unangenehm. Auch aus pädagogischer Sicht. Ich habe da großes Vertrauen ins Universum, vielleicht auch aus Bequemlichkeit. Ich möchte gar nicht millimetergenau planen, funktioniert nämlich nicht. Einfach die Arme aufmachen, freundlich in die Zukunft schauen, dann guckt sie schon freundlich zurück.

Ich finde es wichtig zu wissen, ob man verbrannt oder nicht verbrannt werden möchte. Oder wer zum Beispiel auf gar keinen Fall zur Trauerfeier kommen sollte. Aber selbst wenn mein Abschied nicht in meinem Sinne ablaufen würde – das wäre doch dann auch egal, ich bin ja längst tot. Ich habe jahrelang unsere Kellerräume mit Erinnerungsstücken vollgestellt, von denen ich dachte: Es muss doch etwas bleiben, von mir, meinen Eltern, meiner Geschichte. Aber letztlich kann man diese Dinge auch einfach wegschmeißen. Machen wir uns nichts vor, die Sachen werden nicht im Haus der Geschichte landen. Immer wenn ich eine Krise bekomme, miste ich zu Hause aus. Und da wird es erst spannend, wenn es wehtut. Von wegen: Oh, in dieser Medaille von den Bundesjugendspielen 1977 spiegelt sich mein ganzes Leben, die kann ich doch nicht wegschmeißen. Doch, die kann man wegschmeißen! Und das ist sehr befreiend. Sich dem ganzen alten Kram zu entledigen, der eine Metapher für all das darstellt, was ich mal war, wer ich werden wollte – weg damit!

Ich möchte einfach, dass sich die Menschen so früh wie möglich darüber Gedanken machen, wie sie alt werden wollen. Was ihre Idee von einem Leben im Alter ist. Das sollen sie herausfinden.

Oder auch das, was sie auf keinen Fall wollen. Stichwort Einsamkeit. Wie bei meiner Mutter oder meinem Schwiegervater – das schleicht sich ganz langsam in dein Leben. Davor habe ich wirklich Angst. Studien haben bewiesen, dass Einsamkeit bis zu sieben Lebensjahre kosten kann. Da ist es gesünder, wenn du mit guten Freunden regelmäßig rauchen oder saufen gehst. Anderes Thema: Was brauche ich denn überhaupt noch im Alter? Muss es mit Mitte siebzig noch ein PS-starker Neuwagen sein? Antwort: natürlich nicht. Ein gelungenes Leben findet im Herzen statt, nicht auf dem Konto. Stichwort Tetrapak von der Tanke.

Eric: Hajo Schumacher, der alte Rabauke. Hier hat er mich besonders abgeholt. Einsamkeit ist mein Triggerpunkt. Vielleicht auch meine größte Angst. In der Begleitung von Angehörigen gehören jene Fälle zu den intensivsten, bei denen Hinterbliebene durch den Tod eines anderen Menschen einsam werden und wir sie in diese Isolation entlassen müssen, wenn unsere Arbeit abgeschlossen ist.

Starke Einsamkeit, hat der Deutschlandfunk kürzlich verkündet, entspricht ungefähr der gesundheitsschädlichen Wirkung von zwanzig Zigaretten pro Tag. Meistens sind es Männer, die besonders unter Einsamkeit nach Todesfällen zu leiden haben.

Wie groß das Problem in unserer Gesellschaft verankert ist, zeigt die 2023 vom Bundesgesellschaftsministerium vorgestellte »Strategie der Bundesregierung gegen Einsamkeit«. Natürlich geht es dabei nicht nur um Einsamkeit nach einem Verlust. Aber wer sich schon im normalen Alltag einsam fühlt, wird das nach einem größeren Verlust noch intensiver erfahren oder eben durch einen Verlust in die Einsamkeit rutschen.

Ich glaube, dass Hajos Weg, diesem Problem frühzeitig entgegenzuwirken – selbst ohne akute Not –, der einzig richtige Weg ist. Auch ich arbeite mit meinem Freundeskreis (alle um die vierzig) hart daran, Antworten für später zu finden. Da rauche ich doch lieber ein paar Zigaretten mehr in einer netten Runde von Menschen, die ich mag.

Einer der häufigsten und schwierigsten Konflikte am Ende des Lebens ist der zwischen Eltern und Kindern. Das kann zu großen Auseinandersetzungen führen. Mit sich im Reinen sein, mit den Kindern im Reinen sein – das ist die beste Voraussetzung dafür, dass man zufrieden alt werden und sterben kann. Und es hilft den Angehörigen, Abschied nehmen zu können.

Mein großes Lebenstrauma ist der nicht vorhandene Abschied von meinem Vater. Der ist gestorben, als ich fünfzehn war, eh ein ganz schwieriges Alter. Weil ich mich nie »richtig« verabschiedet hatte oder verabschieden konnte, entwickelte ich daraus ein schlechtes Gewissen. Wie ein Scheidungskind, das sich schuldig für die Trennung der Eltern fühlt. Das Gefühl habe ich lange mit mir herumgetragen. Ich dachte, ich müsste besonders hart und diszipliniert arbeiten, um diese Schuld wieder abzutragen. Heute bin ich da dank meiner Psychologen-Frau viel weiter. Aber du glaubst ja gar nicht, wie viele kleine Schiffchen mit Teelicht ich schon auf irgendwelche Gewässer gesetzt habe, um noch einmal Abschied zu nehmen.

Hat das geholfen?

Leider erst bei Schiffchen Nummer zwanzig.

Hajo Schumacher, *geboren 1964 in Münster, ist ein Tausendsassa der deutschen Journalistenszene. Von 1990 bis 2000 arbeitete er beim* Spiegel, *zuletzt als Co-Leiter des Berliner Büros. Er war Chefredakteur des Lifestyle-Magazins* Max, *schrieb die Biografie von Roland Koch, war Co-Autor der Biografien von Klaus Wowereit und Malu Dreyer und arbeitet als Freelancer für verschiedene TV- und Printmedien des Landes.* Bekannt wurde er auch für sein Pseudonym Achim Achilles, unter dem er populäre Spiegel Online-Kolumnen über das Laufen schrieb. *2013 gewann er den Deutschen Reporterpreis und sitzt selbst in den Jurys von verschiedenen Medienpreisen. Seit einigen Jahren ist er auch regelmäßig in diversen Podcasts zu hören. Schumacher lebt mit seiner Familie in Berlin.*

Der Palliativmediziner **Achim Rieger** über den Tod

»Man kann sterben nicht üben.«

Achim Rieger ist einer der Pioniere der deutschen Palliativmedizin. Ende der Neunziger war er einer der ersten Ärzte, die am neu installierten Homecare-Projekt zur Pflege von todkranken Menschen mitwirkten. Seit 2003 ist er als Allgemein- und Palliativmediziner mit eigener Praxis in Berlin tätig. Jedes Jahr begleiten er und sein Team mehrere Hundert Menschen durch die letzten Wochen und Monate ihres Lebens. Im Gespräch erzählt er über die Anfänge seiner Tätigkeit, warum sich in der Wahrnehmung von palliativer Medizin so viel getan hat und wie das eigentlich ist, wenn man einen Menschen bis in den Tod begleitet. Und er verrät, was das mit seiner eigenen Wahrnehmung vom Leben und Sterben gemacht hat.

Eric Wrede: **Mir gefällt die Vorstellung, mit dir auf einer Party zu stehen und gefragt zu werden, was wir beruflich machen. Die Reaktion dürfte bei dir ähnlich ausfallen wie bei mir: »Also den Job könnte ich nicht machen.« Wie also kommt man auf die Idee, Palliativmediziner zu werden?**
Achim Rieger: Kurz nach der Wiedervereinigung gab es in Deutschland und speziell in Berlin so gut wie keine freien Stellen für Ärzte. Kliniken wurden zusammengelegt, Arbeitsplätze gestrichen – ich war schon drauf und dran, Norwegisch zu ler-

nen, um nach Skandinavien zu ziehen. Ich wollte Onkologe werden und stand nun vor der Frage: Norwegen oder Berlin. Dann fand ich eine onkologische Praxis in Charlottenburg, die einen Homecare-Arzt suchte. Homecare war ein neues Projekt mit dem Ziel, schwer Krebskranke an ihrem Lebensende zu betreuen, damit sie im Idealfall zu Hause sterben konnten. Ich dachte mir: Gut, mach das, so bleibst du vielleicht in der Onkologie. In der Zeit strahlte das ZDF eine Dokumentation über das Projekt aus, ein Arzt wurde bei seiner Arbeit begleitet und porträtiert. Als ich das sah, war ich schon kurz davor, den Job wieder abzusagen. Vierundzwanzig Stunden erreichbar, niemand außer mir verantwortlich für ein Menschenleben – das wollte ich mir nicht antun. Ich blieb dann aber doch dran und stellte bald fest, dass bei der Aufgabe vieles zusammenkam, was ich mir einst als Student gewünscht hatte. Nicht nur Laborbefunde einsehen, nicht nur im Krankenhaus sein, sondern mit Menschen arbeiten können, Lebenssituationen selbstständig erfassen. Ich genoss es, Gast zu sein bei meinen Patienten. Vor einem Klingelschild zu stehen und nicht vor einem Krankenhauszimmer. In den Häusern und Wohnungen erschloss sich mir ein ganzes Universum: die Einrichtung, die Fotos an der Wand, die Menschen, die vor Ort waren. Und ich stellte fest, dass alles, was ich tat, Auswirkungen hatte. Dass ich sehr viel Positives bewirken konnte, auch wenn das Leben meiner Patienten zu Ende ging. Ich fühlte mich angekommen in meinem Beruf. Was gibt es Schöneres, als das über seinen Job zu sagen?

Lief das schon unter dem Begriff Palliativmedizin?

Nicht wirklich. Homecare war das Schlagwort. Viele Berliner sagen das noch heute zu Palliativmedizinern. Wie sehr sich die Wahrnehmung unserer Arbeit verändert hat, zeigen zwei Anekdoten. Vor über zwanzig Jahren war ich für anderthalb Jahre auf der neuen Palliativstation der Charité tätig. Da begrüßten uns die Kollegen mit Sätzen wie »Ihr seid doch die Händchenhalter, oder?«. Als ich vor wenigen Jahren meine Markise am Haus anbringen ließ und einer der Handwerker mein »Arzt im Einsatz«-Schild auf dem Auto sah, fragte er mich: »Was für ein Arzt sind Sie denn?« Ich antwortete: »Ich bin Palliativmediziner.« Da sagte er: »Da haben Sie es ja auch nicht immer leicht.« Oha, dachte ich, in zwei Jahrzehnten ist viel passiert. Mittlerweile kennen die meisten Menschen glücklicherweise die Inhalte der Palliativmedizin und wissen, dass es dabei um die Begleitung von Menschen am Lebensende geht.

Eric: Da geht es Achim wie mir. Auch die Wahrnehmung meines Berufsstandes hat sich enorm verändert. Als ich meine ersten Gehversuche in der Bestatterbranche machte, war das Image noch ziemlich negativ. In Gesprächen mit Freunden und Verwandten musste ich mich gegen die Vorwürfe der »Bestattermafia« wehren, inzwischen hat sich das Bild in der Öffentlichkeit gewandelt. Auch weil es sich herumgesprochen hat, dass es längst sehr viele Kolleginnen und Kollegen gibt, die alternative Optionen für den Tod und die Trauer im Angebot haben. Allerdings steckt auch hier der Teufel im Detail: Viele Unternehmen propagieren zwar eine offene und menschenfreundliche Herangehensweise, ziehen letztlich aber trotzdem nur eine Show ab, um an das Geld ihrer Kundinnen und Kunden zu kommen.

Immerhin haben viele Menschen die Scheu und den allzu großen Respekt vor meinem Berufsstand abgelegt. Sie wollen selbst entscheiden, wie ein Trauerprozess auszusehen hat, wollen die Hoheit über ihre Entscheidungen behalten und dabei angemessen begleitet und unterstützt werden.

Palliativmedizin ist ein aktiver, ganzheitlicher Behandlungsansatz für Patienten mit einer unheilbaren Erkrankung in weit fortgeschrittenem Stadium. Wichtigstes Ziel ist eine Steigerung der Lebensqualität durch die Linderung von Schmerzen und anderer Krankheitsbeschwerden, sie zielt nicht auf Heilung der Betroffenen, sondern vielmehr auf Symptomkontrolle ab.

Neben der Patientenbehandlung umfasst der palliative Ansatz (lateinisch: pallium = Mantel, Umhüllung; palliare = schützen, einhüllen) auch die Einbeziehung und Betreuung der Angehörigen.

Schwerstkranke und sterbende Menschen können in Deutschland ambulant oder stationär palliativmedizinisch versorgt werden. Die Kosten dafür tragen die gesetzlichen Krankenkassen.

Etwa fünfzehn Prozent der Krankenhäuser in Deutschland bieten spezialisierte Palliativstationen für Menschen mit lebensbegrenzenden Erkrankungen an. Die interdisziplinären Teams sind darauf ausgerichtet, die Patienten palliativmedizinisch zu versorgen, zu betreuen und zu pflegen. Für Angehörige gibt es häufig Übernachtungsmöglichkeiten.

Bundesweit stehen etwa 300 Palliativstationen zur Verfügung. Die Einrichtung weiterer Stationen wird unter

> anderem von der Deutschen Krebshilfe unterstützt und gefördert, die sich auch in der Forschung engagiert.
> (Quelle: www. november.de/ratgeber/palliativmedizin)

Hast du damals als junger Arzt, der du warst, eine Zusatzausbildung absolvieren müssen?
Das gab es noch nicht. Voraussetzung für eine Zulassung in der Kassenärztlichen Vereinigung war Berufserfahrung in der Onkologie und in der Sterbebegleitung. Aber ein eigenes Curriculum gab es nicht. Ich durfte mich damals in der Fachgesellschaft engagieren und konnte in den ersten Berufsjahren 1998/99 so ein Curriculum entwickeln, in dem aufgearbeitet wurde, was Palliativmediziner überhaupt können müssen.

Und was sollen sie können?
Pflicht und Kür beherrschen. Sich auskennen mit den notwendigen Medikamenten, den Schmerzen, Maßnahmen bei Luftnot und so weiter. Die Kür besteht darin, was nicht im Curriculum steht. Die innere Haltung, wie man mit Menschen redet, wie man mit ihnen umgeht, welchen Respekt man ihnen entgegenbringt. Fragen der Achtsamkeit, der Autonomie. All das, was eigentlich mit der eigenen Lebenseinstellung zu tun hat.

Schon ein interessanter beruflicher Schritt. Von einem Onkologen, der Menschen doch eigentlich mittel- oder langfristig heilen möchte, hin zu einem Arzt, der Menschen dabei unterstützt, möglichst schmerzfrei zu sterben.
Ein befreundeter Onkologe sagte mal zu mir: »Im Prinzip machen wir auch Palliativmedizin, weil die meisten unserer

Patienten ebenfalls mit einer geringen Lebenserwartung zu uns kommen.« Das mag sich inzwischen durch die moderne Medizin und Therapien geändert haben, trifft aber trotzdem noch ganz gut zu. Viele Fachärzte, auch niedergelassene Mediziner, waren allerdings nicht gut darauf vorbereitet, mit ihren Patienten die entscheidenden und wichtigen Gespräche zu führen. Palliativmedizin wurde fast als Konkurrenz gesehen, weil sie Patienten begleitet, die auf weitere Therapien verzichteten. Letztlich trägt daran auch das System eine Mitschuld. Ein Kollege hat mir das mal anschaulich erklärt: »Wenn ich Besuch von einem Patienten bekomme, dessen Krankheit wieder Fahrt aufgenommen hat, bei dem die Metastasen wieder gestreut haben, der aber gemeinsam mit seiner Frau vor mir sitzt und mich erwartungsvoll anschaut, fehlt mir die Zeit, mit ihm in Ruhe darüber zu sprechen, ob eine Fortführung der Therapie wirklich nötig ist. Außerdem werde ich dafür nicht bezahlt. Sondern nur für Therapien.« Da krankt das System.

Als Palliativmediziner hast du mehr Spielraum, dich um die Patienten zu kümmern?

In der Regel arbeite ich ambulant, das heißt, ich fahre zu den Menschen nach Hause, ins Hospiz oder ins Pflegeheim. Und ich gehe erst dann weg, wenn ich den Satz gesagt habe: »Haben Sie noch Fragen, gibt es Dinge, die noch offen sind?« Die Antwort darauf kann zehn Minuten oder zwei Stunden dauern. Mein Vorteil dabei: Durch die Einführung der sogenannten Spezialisierten Ambulanten Palliativversorgung (SAPV) gibt es ein eigenes Honorarsystem, das mich und meine Kollegen sicherer arbeiten lässt. Anders als bei Hausärzten, denen ein gewisses Budget zur Verfügung steht, bei dem man nie weiß, wann es ausgeschöpft ist, weiß ich, dass ich für jeden Besuch ein bestimmtes Honorar bekomme. Ich muss mir also keine wirtschaftlichen Gedanken machen und habe immer genügend Zeit zur Verfügung für die Arbeit mit den Patienten. Wenn ich mir diese Zeit nicht nehmen würde, würde mir das auf die eigenen Füße fallen: Ein Patient, der in Angst und Unsicherheit verfällt, ruft mich höchstwahrscheinlich in der Nacht an – ich bin vierundzwanzig Stunden erreichbar. Bei einem Patienten, für den ich mir Zeit genommen habe, sämtliche Fragen und Bedürfnisse zu klären, ist es eher wahrscheinlich, dass er mit seinen Bedürfnissen bis zum nächsten Besuch warten kann.

> Eine Studie im Jahr 2016 hat festgestellt, dass immer mehr Menschen eine palliative Versorgung in Anspruch nehmen. Von knapp 100 000 Verstorbenen waren es immerhin 32,7 Prozent, die palliativ versorgt wurden. 24,4 Prozent wählten dabei eine Allgemeine Ambulante Palliativversorgung (AAPV), 13,1 Prozent erhielten eine Spezialisierte Ambulante Palliativversorgung (SAPV), stationär palliativmedizinisch wurden 8,1 Prozent versorgt, 3,3 Prozent im Hospiz. Interessant ist dabei, dass die AAPV rückläufig ist, während die in Anspruch genommenen SAPV-Leistungen zunahmen. Außerdem bestanden deutliche Unterschiede in den verschiedenen Bundesländern. In Bremen wurden beispielsweise 26,4 Prozent palliativ versorgt, in Bayern dagegen 40,8 Prozent. Regionalspezifische Rahmenbedingun-

> gen – zum Beispiel das vorhandene palliative Angebot –
> sowie historisch herausgebildete Versorgungskulturen
> spielen dabei eine Rolle.

Wenn Menschen zu uns kommen, obwohl die oder der Angehörige noch nicht verstorben ist, fühlt es sich für die meisten von ihnen wie Verrat an. Sie gestehen sich damit endgültig ein, dass deren Leben zu Ende geht. Wie schwer fällt es Menschen, den Kontakt zu dir zu suchen? Was passiert da im Vorfeld?

Für die meisten ist es erleichternd, diesen Schritt getan zu haben, weil sie schon sehr viele Erfahrungen gemacht haben und es leid sind, sich zu fragen: Was kann ich noch machen, wo sind meine Grenzen? Vielen fällt es allerdings schwer, ihren Ärzten oder Therapeuten einen Korb zu geben und ihnen mitzuteilen: Ich gehe hier nicht mehr weiter. Grundsätzlich kann ich meine Patienten in zwei Gruppen aufteilen: diejenigen, die sich selbst dafür entscheiden, einen Palliativmediziner in Anspruch zu nehmen, und das bereits lange vor ihrem Tod, weil sie vielleicht eine entsprechende Diagnose bekommen haben. Die andere Gruppe findet kurz vor dem Ende den Weg zu mir, oft nicht aus freien Stücken, sondern weil die behandelnde Klinik sagt: »Wir überweisen Sie jetzt an einen Palliativmediziner.« Die sind dann meist sehr besorgt und wissen noch gar nicht, was eigentlich los ist. Da wird man dann an der Tür von der Ehefrau empfangen, die einen mit den Worten begrüßt: »Wir können über alles reden, nur nicht darüber, dass mein Mann bald sterben wird. Ich weiß das, aber ich will nicht, dass er das weiß.« Wenn ich dann eine halbe Stunde mit dem Patienten allein gesprochen habe, sagt der mir: »Sie dürfen mit meiner Frau über alles reden, nur nicht darüber, dass ich sterben werde. Ich weiß, dass ich nicht mehr viel Zeit habe, aber sie soll sich keine Sorgen machen.«

Eric: Diese oder ähnliche Geschichten kann jeder erzählen, der beruflich mit dem Sterben und dem Tod zu tun hat. Wir haben es dabei oft mit Menschen zu tun, die aufgehört haben, über die wirklich wichtigen Themen miteinander zu sprechen. Oder es vielleicht nie getan haben. Sei es aus Rücksicht auf sich selbst, auf andere oder aus sonstigen Gründen. Unsere Aufgabe ist es, die Gespräche wieder in Gang zu bekommen.

Dieses schlechte Gewissen kann ich nur allzu gut nachvollziehen. Mir wird es vermutlich ähnlich gehen, wenn meine Mutter im letzten Stadium ihres Lebens angekommen ist und ich mich um konkrete Schritte bezüglich ihres Todes bemühe, ohne mit ihr darüber gesprochen zu haben.

Ich erkenne diese Emotionen oft schon an der Körperhaltung, mit der Betroffene unsere Läden betreten. Oder daran, wie häufig verabredete Termine noch einmal verschoben oder mit merkwürdigen Begründungen abgesagt werden. Und ich habe Verständnis dafür. Wenn die Gespräche dann aber geführt werden, wenn die Menschen die Termine bei uns wahrnehmen, dann fällt oft sehr viel Last von ihren Schultern, wird der Druck weniger. Und das tut jedem gut. Insofern kann ich nur erneut appellieren: Traut euch, macht den Mund auf!

Ungefähr die Hälfte der Menschen, die uns aufsuchen, sind bereits in Kontakt mit uns, bevor der oder die Angehörige verstorben ist. Für die allermeisten erweist sich dieser frühe Kontakt als Vorteil. Nicht weil sie dadurch weniger traurig sind, sondern weil sie sich mehr Raum für ihre Trauer geschaffen haben, indem sie gut vorbereitet sind.

Ab wann habe ich Anspruch auf Palliativmedizin?

Das ist nicht so einfach zu beantworten. Im ambulanten Bereich trennt man die allgemeine Palliativmedizin von der speziellen. Die spezielle Versorgung tritt erst dann in Kraft, wenn der Patient es nicht mehr schafft, allein zum Arzt zu gehen, und auch der Hausarzt nicht mehr weiterhelfen kann. Idealerweise ist der Hausarzt auch palliativ fortgebildet und kann bei wichtigen Fragen weiterhelfen, aber das ist nicht immer der Fall. Das ist in unserer Praxis anders, unser Team ist zum Teil auch ein hausärztliches Team. Zwei meiner Kollegen können, wie ich, eine kleine Sprechstunde anbieten, zu uns kann man also auch kommen, wenn man noch nicht am Lebensende steht. Manchmal sehe ich Patienten nach dem Erstgespräch erst drei Jahre später wieder. Diese Kombination finde ich optimal.

Was leistest du, was ein Allgemeinmediziner nicht leisten kann?

Machen wir das am Beispiel eines Bronchialkarzinoms fest. Menschen kommen mit so einer Diagnose zu mir und stellen fest: Da ist ein Arzt, der sich Zeit nehmen kann und nimmt. Und dieser Arzt ist auch immer erreichbar, ob am Wochenende oder an Feiertagen. Ich weiß, wer er ist und wie er aussieht. Außerdem arbeiten wir in einem Netzwerk mit spezialisierten Pflegekräften, einer Netzwerkapotheke, Physiotherapeuten und können so auf einem hohen professionellen

Niveau ein Maximum an Sicherheit und Lebensqualität für Patienten bieten.

Wie gut kannst du Leiden lindern?

Zunächst einmal bin ich absolut tolerant, wenn es darum geht, was Menschen machen wollen, um wieder Lebensqualität zu erlangen. Ich hatte mal einen Musiker, der einen Tumor im Halsbereich hatte und über eine Sonde im Bauchbereich ernährt werden musste. Davon war er oft sehr erschöpft. Der fragte mich: »Ich kann mir über drei Ecken Kokain besorgen. Darf ich das überhaupt konsumieren?« Ich sagte: »Ich habe nichts gehört und nichts gesehen, aber wenn dir das guttut, dann mach das.« Vor der nächsten Visite schnupfte er ein wenig davon und sagte: »Jetzt bin ich immer für eine Stunde wach und aufnahmebereit.« Beim nächsten Mal fragte er mich, ob er Espresso und Grappa trinken dürfe – er war großer Italien-Fan. Ich antwortete: »Probier es doch aus.« Und am nächsten Tag trank er im Hospiz einen Espresso und einen Grappa. Mit Hochgenuss. Lebensqualität ist ein sehr individuelles Gut und sollte nicht nur durch Therapiepläne bestimmt werden, sondern durch das, was man für richtig hält. Dabei muss ich an zwei Söhne denken, die ihren Vater pflegten. Der hatte seinen Kindern das Kochen beigebracht. Jeden Morgen brühten sie ihm einen frischen Espresso auf und machten dann eine Einkaufsliste, zum Beispiel für selbst gemachten schwäbischen Kartoffelsalat. Der Vater bekam nur eine kleine Portion, aber das reichte ihm. Das ist für mich Lebensqualität. Im vertrauten Rahmen Dinge genießen, die einem guttun.

Eric: Ich habe Unterschiede beobachtet zwischen dem innersten Kreis der Angehörigen einer sterbenden Person und jenen, die etwas weiter entfernt sind. Dieser innerste Kreis hat die dauerhafte Präsenz des Sterbens direkt vor Augen, ist dadurch aber eher in der Lage, nach Möglichkeiten zur Verbesserung der Lebensqualität zu suchen, eben weil der Zustand des Sterbens zu einer gewissen Normalität geworden ist. So absurd das auch klingen mag: Viele Schritte wirken folgerichtig, wenn man einen Menschen beim Sterben über Monate begleitet hat. Innerhalb dieser ersten Reihe fällt es den Menschen auch leichter, das richtige Gefühl für Zwischentöne zu entwickeln. Was kann man gerade machen, psychisch oder physisch? Im inneren Kreis ist eher das Problem, dass sich alles in der Pflege und dem Kümmern um den Sterbenden auflöst und es kaum noch eigenes Leben gibt, das man danach weiterleben kann.

Dem erweiterten Kreis fällt das schwerer – ihnen fehlt die direkte Wahrnehmung des Sterbens, sie sind abgelenkt durch die eigene Lebensrealität und werden dann vom eigentlich erwarteten Tod des Menschen härter getroffen als der innere Kreis.

Die Frage nach der Lebensqualität von sterbenden Menschen an sich hat sich erst durch die Fortschritte der modernen Palliativmedizin und die Hospizbewegung entwickelt. Was braucht der Mensch, damit es ihm trotz der Ausnahmesituation gut geht? Entscheidend ist, gemeinsam Antworten auf diese große Frage zu finden.

Du sprichst über psychologische Faktoren in puncto Lebensqualität. Ich hätte eher Angst vor Schmerzen.

Angst ist ein zentrales Symptom. Wir alle haben Angst. Vor Schmerzen, unkontrollierbaren Situationen, Autonomieverlust. Angst lindert man, indem man Vertrauen schafft. Und wenn Situationen scheinbar unkontrollierbar werden – zum Beispiel durch Schmerzen –, dann habe ich immer noch Mittel und Wege, um diese Kontrolle wiederherzustellen. Und sei es, dass man den Patienten am Ende sediert, um schwerste Leidenssituationen zu überstehen. Das brauche ich zwar nicht oft, aber es erleichtert die Menschen extrem zu wissen, dass es möglich ist. Vertrauen spielt eine große Rolle. Ein älterer Herr über achtzig wurde von mir aufgenommen mit einer Leberzirrhose und Anzeichen darauf, dass die Leber nicht mehr funktionierte. Ich begleitete ihn ein Jahr lang im Hospiz, sein Zustand wurde immer stabiler, er wurde in ein Pflegeheim verlegt. Zwei Monate später diagnostizierte man bei ihm ein Zungengrundkarzinom. Als sehr differenziert denkender Mensch sprach er mit mir über die vielen Termine und Therapien, die so eine Diagnose mit sich bringen würde. Er sagte mir offen, dass er große Angst vor den zu erwartenden Einschränkungen und Leiden habe. Ich machte ihm deutlich, dass ich ihn durch jede Krise begleiten würde. Das bewog ihn dazu, im Krankenhaus anzurufen und den ausgemachten OP-Termin abzusagen.

Das heißt, du hilfst den Patienten auch dabei, nicht alles bis zum bitteren Ende durchzuziehen?

Ich rede ihnen das nicht aus, aber ich helfe ihnen dabei, ihre eigenen Entscheidungen zu treffen. Noch ein anderes Beispiel für unsere Arbeit: Als Prüfer für die Zusatzausbildung Palliativmedizin an der Berliner Ärztekammer hatte ich vor einiger Zeit einen Tumorarzt für den Magendarmtrakt vor mir sitzen. Nach erfolgreicher Prüfung fragte ich ihn: »Ändert sich jetzt etwas an Ihrer Arbeit?« Er überlegte kurz und sagte dann: »Ja, die Dinge sind jetzt nicht mehr so einfach wie vorher.« Ich wollte wissen, wie er das meinte. Er sagte: »Na ja, bislang habe ich eine Krankheit mit meinen vorhandenen Möglichkeiten behandelt. Jetzt frage ich mich: Was hat der Mensch für eine Biografie, was hat er für Erfahrungen gesammelt, welche Erwartungen hat sie oder er? All das macht meine Arbeit nicht einfacher.« Diese Art zu denken gefiel mir ganz gut.

Ich stelle in unserer täglichen Arbeit fest, dass gerade Menschen, die bereits die Erfahrungen einer Chemotherapie gemacht haben, sich bei einer möglichen weiteren Option dagegen entscheiden, die Erkrankung akzeptieren und sich lieber die restliche Lebenszeit so schön wie möglich gestalten wollen.

Ich sage immer: Lebend kommen wir hier nicht raus. Manche leben sehr gesund und asketisch und sterben früh, andere schenken sich nichts und werden uralt. Jeder geht seinen eigenen Weg. Auch die Therapeuten arbeiten sehr unterschiedlich. Manche arbeiten sehr aggressiv in ihrer Therapie, andere sprechen das Thema Tod sehr früh und deutlich an. Das hat auch mit den Patienten zu tun. Manche wollen sich nicht mit diesem Thema befassen, sondern, solange es geht, weitertherapiert werden.

Liegt das an den Patienten oder an der mangelhaften Kommunikation der Mediziner?

Da will ich mir kein Urteil erlauben. Immer wieder behaupten Patienten: »Das hat mir der Arzt so aber nie gesagt.« Die Kollegen versichern mir allerdings glaubhaft, dass die entscheidenden Gespräche über Erfolg oder Misserfolg einer Therapie durchaus stattgefunden haben. Es gibt ein Sprichwort von Mark Twain: »Wenn du einen Hammer hast, sieht alles aus wie ein Nagel.« Wenn ich Onkologe bin, behandele ich die Krankheit mit der Chemo. Wenn ich Chirurg bin, mit einer OP. Auch ich habe einen Hammer zur Hand, das ist die Palliativmedizin. Meine Brille ist eben auch eine bestimmte. Ich bin im Laufe der Jahre milder geworden, weil manchmal eben auch Methoden greifen, die ich nicht angewandt hätte. Zumal es in der Behandlung auch Quantensprünge gegeben hat. Allerdings auch bei den Kosten. Manchmal, wenn ich eine Tablettenschachtel in der Hand habe, die so viel kostet wie ein Kleinwagen, muss ich darüber nachdenken, wie viel Mühe und Kraft es gekostet hat, die Palliativmedizin zu etablieren – und wie spottbillig sie im Vergleich zu diesen teuren Therapien und Medikamenten ist.

Eric: Ich persönlich finde es müßig, von außen über solche Fragen zu urteilen. Wie sinnvoll eine teure Behandlung ist, wenn man ein Leben damit vielleicht »nur« verlängert und nicht die Krankheit heilen kann. Die Frage darf sich eigentlich nur eine Person stellen: die oder der Betroffene selbst.

Entscheiden kann sie oder er das allerdings nur, wenn man alle weichen und harten Fakten kennt. Und daran hängt es oft. Dabei sind wiederum die Experten gefragt. Dialektisch Vor- und Nachteile aufzuzeigen, aber eben auch realistische Ergebnisse zu erläutern.

Es ist sicherlich ohnehin hilfreich, wenn man im Großen und Ganzen mit sich im Reinen ist. Wenn letzte Fragen beantwortet wurden, Konflikte gelöst sind und auch offene Wünsche erfüllt wurden. Wer das Glück hat, in dieser Position zu sein, dem fällt das Loslassen und das

Verkürzen der Leiden in der Regel deutlich leichter – für sich und auch für die Menschen um einen herum.

Wie wichtig ist in eurer Arbeit eine entsprechende Geisteshaltung zum Thema Leben und Sterben?

Die Hospizbewegung hat sehr früh das etwas abgedroschen klingende Motto etabliert: »Es geht nicht darum, dem Leben mehr Tage zuzuführen, sondern dem Tage mehr Leben.« Darum sollte es in unserer Arbeit gehen, das sollte unsere Haltung definieren. Eigentlich ist die Palliativmedizin eine alte Form der Medizin, denn vor den ganzen Errungenschaften der modernen Medizin haben sich Ärzte und Heiler eher darauf verstanden, Leiden zu lindern, statt endgültig zu beenden. Dass dieser Aspekt wieder sehr modern ist, gibt mir ein gutes und beruhigendes Gefühl.

Wie würdest du den aktuellen Zustand der Palliativmedizin beschreiben, vielleicht anhand deines Wohnorts Berlin?

Als ich 1997 angefangen habe, als Palliativmediziner zu arbeiten, gab es in der ganzen Stadt zwei oder drei Palliativstationen, kein stationäres Hospiz, keine palliative Zusatzbezeichnung und insgesamt fünf Homecare-Mediziner, von denen ich einer war. Heute ist das ganz anders. Wir haben zahlreiche Palliativstationen, bestimmt fünfzehn oder sechzehn ambulante Hospize, ein dichtes Netz aus spezialisierten Palliativteams, Netzwerkapotheken und viele ehrenamtliche Hospizbegleitungen. Berlin war in dieser Hinsicht Vorreiter, das Homecare-Projekt war damals eine der größten palliativen

Bewegungen in Europa. Und trotzdem ist es noch immer so, dass wir nicht alle Patienten aufnehmen können. Es gibt also weiterhin Verbesserungsbedarf.

> Der Deutsche Hospiz- und PalliativVerband e. V. veröffentlicht regelmäßig Zahlen und Statistiken zum Thema. In Deutschland gibt es aktuell rund 1500 ambulante Hospizdienste, circa 260 stationäre Hospize für Erwachsene sowie 19 stationäre Hospize für Kinder, Jugendliche und junge Erwachsene. In den Krankenhäusern sind 340 Palliativstationen untergebracht, vier davon für Kinder- und Jugendliche (Stand: März 2023).
>
> Die 260 stationären Erwachsenen-Hospize haben im Durchschnitt je zehn Betten, es gibt also 2500 Hospizbetten mit einer durchschnittlichen Auslastung von achtzig Prozent und einer Verweildauer von 22 Tagen pro Jahr. Das bedeutet, dass circa 35 000 Menschen versorgt werden können.
>
> Stand 2021 gab es 403 Teams der Spezialisierten Ambulanten Palliativversorgung (SAPV), 36 davon für Kinder und Jugendliche. Bis 2021 haben 14 620 Medizinerinnen und Mediziner die Zusatzausbildung im Bereich Palliativmedizin absolviert. Dazu kommen mehr als 120 000 Menschen, die sich ehrenamtlich und bürgerschaftlich in den Einrichtungen und Hospizen engagieren.

Glaubst du, dass deine Kolleginnen und Kollegen im medizinischen Sektor inzwischen ausreichend Kenntnis haben über eure Arbeit?

Das größere Problem liegt in den organisatorischen Defiziten. Im Alltag von Kliniken ist keine Zeit dafür, die richtigen Kontakte herzustellen. Da wird man lediglich mit dem Hinweis entlassen, sich um eine Palliativversorgung zu kümmern. Was insofern eine Katastrophe ist, weil auch wir einen gewissen Vorlauf in der Planung benötigen. Wenn ich am Freitag einen Anruf bekomme und erfahre: »Mein Mann ist heute aus dem Krankenhaus entlassen worden, ich habe Ihre Nummer erhalten, können Sie heute noch zu uns kommen?«, dann habe ich ein Problem. Denn wenn ich erst das Feld von hinten aufrollen muss – ein Bett organisieren, einen Pflegedienst finden und so weiter –, dann fällt es mir schwer, nicht ins Schwimmen zu geraten.

Bist du es auch, der auftaucht, wenn ein Patient verstirbt?
Ja, und das ist sehr wichtig. So eine Leichenschau ist geprägt durch Formalitäten. Auf dem Leichenschauschein – ein furchtbares Wort – wird die Todesursache festgehalten: natürliche Todesursache, nicht natürliche Todesursache, unklare Todesursache. Wenn da jetzt ein fremder Arzt kommen würde, der die ganze Vorgeschichte nicht kennt, wäre es durchaus möglich, dass der »unklare Todesursache« einträgt. Das hätte zur Folge, dass die Polizei benachrichtigt werden muss, außerdem die Gerichtsmedizin. Der Leichnam muss beschlagnahmt, möglicherweise obduziert werden. All das können wir verhindern, wenn wir den Menschen, den wir begleiten, auch im letzten Moment bei der Leichenschau verabschieden. Zusätzlich hilft es den Angehörigen, die von uns entsprechend beraten werden können, zum Beispiel dazu, wie viel Zeit sie eigentlich haben, sich von dem verstorbenen Menschen zu verabschieden.

Über den Tod

Eric: Super, wie Achim hier den Blick für das schärft, was nach dem Tod eines Menschen für sein Umfeld und die Angehörigen wichtig wird. Wir haben erfahren dürfen, dass der Moment, in dem wir einen verstorbenen Menschen abholen, entscheidend dafür ist, wie es den Angehörigen in den kommenden Tagen und Wochen in ihrer Trauer geht. Wichtig ist, nichts zu überstürzen und sich so viel Zeit zu lassen, wie man braucht (und bekommt).

Das Abholen des Körpers ist dabei der letzte Schritt eines Lebens in den eigenen Räumen, und es macht eben einen Unterschied, ob Angehörige das Gefühl haben, es ist in Ordnung, den Körper jetzt gehen zu lassen, oder ob das unter Zeitdruck geschieht.

Zum Glück haben wir in fast allen Bundesländern recht gut ausgelegte Fristen, bis wann Bestatter den Körper abgeholt haben müssen. In den ersten Telefonaten nach dem Tod erfahre ich oft diese »Aha-Momente«, wenn die Menschen feststellen, dass sie sich Zeit lassen dürfen. Dass sie ihre Angehörigen und Freunde fragen können, ob sie sich auch verabschieden möchten. Das gilt dann gerade für den etwas weiter entfernt lebenden Kreis von Menschen, für die so ein persönliches Abschiednehmen ebenfalls sehr hilfreich sein kann.

Ich führe ähnliche Gespräche und sage den Menschen dann oft: »Sie müssen jetzt erst mal gar nichts machen. Trauern reicht.« Wie viele Menschen begleitest du pro Jahr eigentlich auf dem letzten Weg, und was macht das mit dir?

Wir sind in unserem Team sechs Ärzte und begleiten pro Jahr etwa 500 bis 600 Sterbende. Natürlich macht das was mit einem, es wäre auch merkwürdig, wenn das nicht so wäre. Bei mir hat es die Sicht auf das Leben verändert. Es ist wie früher als Kind vor den Sommerferien: Zu Beginn wirken die sechs Wochen wie eine wahnsinnig lange Zeit, am Ende wundert man sich, wie schnell sie doch vorbeigegangen ist. Wenn ich heute mit Studenten unterwegs bin, fühle ich mich eigentlich nicht so weit von denen entfernt. Aber dann stelle ich fest, wie anders ihr Leben aussieht und dass uns doch einige Jahre trennen. Mein Blick von innen nach außen hat sich gar nicht so sehr verändert. Aber ich muss akzeptieren, dass das Leben eine begrenzte Angelegenheit ist und es sehr darauf ankommt, was man mit dieser Zeit anfängt.

Und worauf kommt es an?

Was mich traurig macht und was nicht selten vorkommt: dass Menschen allein sind, wenn sie sterben. Dass sie seit Jahren nicht mit ihren Kindern gesprochen haben, nicht mal wissen, wo die Leben. Und dann sehe ich wieder andere Schicksale: wo sich Freunde gegenseitig bei den Besuchen ablösen, Verwandte, die sich aufrichtig um die Pflege kümmern, Menschen, die in ihrem Sterben eben nicht allein gelassen werden. Da komme ich zu dem Schluss, dass Beziehungen das Wichtigste im Leben sind und es wichtig ist, wie man diese gestaltet. Dass es vollkommen okay ist, nicht nur durchzuackern, sondern sich auch Zeit zu nehmen für Dinge, die einem Freude machen, die Batterien wieder aufzuladen.

Kannst du deinen Patienten dabei helfen?

Was nicht möglich ist: in den letzten zwei oder drei Monaten dabei zu helfen, Dinge wiedergutzumachen, die vorher schon nicht gut waren. Ich kann nur dabei helfen, diese letzte Zeit so gut wie möglich zu gestalten. Das Mindeste, was ich schaffen kann, ist, dass körperliches Leid nicht überhandnimmt. Das Maximum: ein Leben so gut zu beenden, dass Dinge, die noch ungelöst waren, geklärt wurden und keine Fragen mehr offenbleiben. Das erkennen wir dann an der Dankbarkeit, die uns und unserer Arbeit entgegengebracht wird. Selbst in Situationen, die man sich anders vorgestellt hätte, kommen Angehörige zu uns und sagen: »Sie haben uns so sehr geholfen, das war einfach wunderbar.« Da merkt man dann, dass man tatsächlich etwas richtig gemacht hat.

Hast du eigentlich schon Vorkehrungen für deinen eigenen Tod getroffen?

Man kann Sterben nicht üben. Meine härteste Währung ist Demut. Sich bewusst zu sein, dass wir in einer Umgebung leben, die im globalen Vergleich luxuriös ist. Wenn Menschen die Nachricht bekommen, dass sie nicht mehr lange zu leben haben, denken sie oft an das, was sie nicht mehr erleben werden, wohin sie nicht mehr reisen können und so weiter. Ich sage dann immer: Denken Sie lieber daran, was Sie schon erleben durften und welche Erfahrungen sie schon machen durften. Jedem von uns hat das Leben schon so viel gegeben. Ich als Achim Rieger kann sagen: Ich habe schon so viel mehr von der Welt gesehen, so viel mehr Zeit für die schönen Dinge des Lebens gehabt als andere Menschen, dass ich dafür einfach dankbar bin. Wichtig ist am Ende der Blick auf das, was wir hatten und haben. Gleichzeitig wäre ich sehr traurig, wenn ich morgen so eine Diagnose bekommen würde, weil ich den Luxus habe, in einer sehr glücklichen Lebenssituation zu stecken. Ein Freund hat mir mal erzählt, dass Zenbuddhisten mindestens einmal pro Tag an den Tod denken. Da folgert man gleich: O Gott, das muss einen doch traurig machen. Aber von wegen.

Wenn uns das jeden Tag bewusst wird, wissen wir auch, wie wertvoll jeder Tag ist. Jeder Tag bedeutet für mich eine Aufgabe, diesen Tag auch möglichst gut zu leben. Ich möchte nicht ins Bett gehen und mir sagen: Das und das hätte ich besser machen sollen.

Eric: »Memento mori« versus »Carpe diem«. »Bedenke, dass du stirbst« versus »Genieße den Tag«! Wie lange und intensiv man darüber diskutieren kann! Ähnlich wie Achim gehöre ich zur Fraktion »Carpe diem« und kann in den Gesprächen mit Freunden oder meiner Familie die Themen Tod und Trauer auch mal ausblenden. Interessant ist, dass mein Beruf vor allem meine Hypochondrie triggert. Auch bezogen auf andere. Gerne bei Menschen, die mir etwas bedeuten. Kopfschmerzen bei meiner Frau werden in meinen Gedanken zum Hirntumor. Was sicherlich auch daran liegt, dass ich schon so viele Fälle begleitet habe, die mit vermeintlichen Nichtigkeiten begonnen und mit dem überraschenden Tod geendet haben. Von den harmlosen Beschwerden, die auch harmlos bleiben, bekommen wir in der Regel ja nichts mit. Was mich allerdings noch mehr dazu motiviert, Dinge zu tun, die mich erfüllen – und mir einen Ausgleich bieten.

Du hast eine besondere Art, mit den Erinnerungen der Menschen umzugehen, die du begleitet hast.

In unserem Team pflegen wir einige Rituale, um mit den vielen Todesfällen umzugehen, die zu unserem Alltag gehören. Jeden Montag nach der Übergabe zünden wir für Menschen, die in der Vorwoche gestorben sind, ein Teelicht an und stellen es in die Mitte. Dazu werden ein paar Worte über die Person gesagt. Keine Befunde oder Laborberichte, sondern: wie habe ich diesen Menschen erlebt. Da gibt es die tollsten Geschichten, manchmal lachen wir, manchmal weinen wir, manchmal sind wir erstaunt, wie viele Kerzen so eine Woche auf den Tisch gebracht hat. Ich selbst habe noch ein anderes Ritual: Ich schreibe die Namen jedes Verstorbenen auf einen Zettel, den ich dann in einem Schrank neben meinem Schreibtisch aufbewahre. Wenn ich mir am Jahresende diese Namen anschaue, erschüttert es mich, weil ich mich bei hundert Namen nur noch an zehn Verläufe erinnern kann. Am Anfang hatte ich deshalb ein schlechtes Gewissen. Aber inzwischen weiß ich, dass das ein wichtiger Mechanismus ist. In fünfundzwanzig Jahren habe ich circa zweitausend Menschen begleitet. Wenn ich mich an jeden Fall minutiös erinnern würde, könnte ich das gar nicht mehr ertragen. Und trotzdem bleiben einige wenige Fälle hängen. Auch Bilder vor meinem geistigen Auge, die in mir Emotionen hervorrufen, die ich gar nicht steuern kann. Aber das ist in Ordnung. Liebe und Trauer gehören zum Leben dazu. Und es gibt keinen Grund dafür, Liebe oder Trauer zu unterdrücken. Man muss sich dessen nur bewusst sein. So lässt sich auch mit Situationen leben, die einen traurig machen.

Achim Rieger, geboren 1966, kam Ende der Achtzigerjahre als Medizinstudent nach Berlin, arbeitete zunächst als Onkologe und seit 1997 als Palliativmediziner im Berliner Homecare-Projekt. Er ist Mitautor des Curriculums für die Zusatzbezeichnung Palliativmedizin, gibt Kurse und Seminare, hält Vorträge zu palliativmedizinischen Themen und ist Prüfer bei der Berliner Ärztekammer für die Zusatzbezeichnung

Achim Rieger

Palliativmediziner. Nach einer Tätigkeit auf der Palliativstation in der Berliner Charité ließ er sich 2003 mit einer eigenen Praxis als Allgemein- und Palliativmediziner nieder. 2010 gründete Achim Rieger mit drei weiteren Kollegen das Palliativ-Team-Berlin (SAPV Teams). Sein Schwerpunkt liegt in der ambulanten Palliativversorgung in stationären Hospizen. Rieger hat zwei Kinder und gehört heute zu den bekanntesten Palliativmedizinern des Landes.

Der Comedian und Aktivist
Dr. Eckhart von Hirschhausen
über nachhaltiges Sterben

»Dann können wir nichts anderes mehr machen, als zu sterben.«

Dr. Eckart von Hirschhausen war viele Jahre lang der bekannteste und lustigste Arzt des Landes. Inzwischen steht von Hirschhausen nicht mehr als Comedian auf der Bühne, sondern engagiert sich leidenschaftlich für den Klimaschutz. Mit seiner Stiftung »Gesunde Erde – Gesunde Menschen« mobilisiert sein Team das Gesundheitswesen, die Politik und Gesellschaft »für den Schutz der planetaren Gesundheit und eine enkeltaugliche Zukunft«, wie es auf der Homepage heißt. Im Gespräch mit Eric diskutiert das Mitglied von »Scientists for Future« über Hitzetote und nachhaltige Bestattungen, Verdrängungsmechanismen bei Klimaschutz und Sterben sowie die Lieder, die auf seiner Beerdigung gespielt werden sollen.

Eric Wrede: Als ich dich kennenlernen durfte, war ich als junger Bestatter auf der Fachmesse »Leben und Tod« in Bremen. Damals warst du vornehmlich noch als Kabarettist unterwegs. Vor Kurzem war ich dein Laudator für die Auszeichnung mit dem Fritz Roth Medienpreis. Kaum jemand hat sich in den vergangenen Jahren so sehr für das Verständ-

nis von Hospizarbeit, Trauer und Tod eingesetzt wie du. Wie kam dieser Wandel zustande?

Dr. Eckart von Hirschhausen: Ich bin nicht mehr so wie vor zehn Jahren, aber die Welt ist es ja auch nicht mehr. Ich habe das Leben schon immer als einen Entwicklungsprozess begriffen. Ich durfte tolle Sachen auf der Bühne erleben und bin dankbar für dreißig erfüllte Jahr. Aber irgendwie hatte ich mit Mitte fünfzig das Gefühl, dass jetzt andere Themen dran sind. Deshalb habe ich meine Stiftung ins Leben gerufen: »Gesunde Erde – Gesunde Menschen«. Doch es ist schwer, die Welt ehrenamtlich retten zu wollen, wenn andere sie hauptberuflich zerstören. Die Dringlichkeit, mit der wir gerade die Lebensgrundlagen für alle gegen die Wand fahren, war mir theoretisch schon länger bewusst. Bereits zu meiner Schulzeit in den Achtzigern haben wir über sauren Regen und Tempolimits diskutiert, jetzt sind vierzig Jahre vergangen, und es scheint noch immer so, als bestünde die größte Freiheit darin, sich auf der Autobahn zu Tode zu fahren. Gleichzeitig ist die Freiheit, gesunde Luft zum Atmen zu haben, genügend Wasser, ausreichend Nahrungsmittel, erträgliche Außentemperaturen, bedroht – und zwar auf jeder Ebene.

Freiheit bedeutet für uns auch Reisen, Freizügigkeit, Grenzenlosigkeit.

Und gleichzeitig macht der aktuelle IPC-Bericht deutlich, dass innerhalb dieses Jahrhunderts jeder dritte Mensch aufgrund der klimatischen Umstände gezwungen sein wird, seine Heimat zu verlassen. Wir befinden uns in einer Zeit des Umbruchs. Mein Gedanke war: Wenn ich schon die Chance habe, in der Öffentlichkeit zu stehen, und die Menschen nicht mehr von mir erwarten, dass jeder dritte Satz eine Pointe beinhaltet, weil sie mich nicht mehr als Kabarettist, sondern als Arzt, Wissenschaftsjournalist oder Stiftungsgründer wahrnehmen, ist das der richtige Schritt. Wenn die Welt gerettet ist, kehre ich gerne zurück auf die Bühne und mache Quatsch.

Dass das noch lange dauern kann, stelle ich in meiner Arbeit immer dann fest, wenn das Wetter extremer wird. Sobald die Temperaturen um mehr als zehn Grad plus oder minus steigen beziehungsweise fallen, klingelt mein Telefon häufiger. Meine Wahrnehmung ist die: Der Klimawandel tötet schon jetzt, und zwar hier in Deutschland. Und trotzdem ist es beim Thema Klimakatastrophe wie mit dem Sterben – niemand scheint es wahrhaben zu wollen, bis es dann wirklich passiert.

Ich erlebe es gerade in den sozialen Medien sehr extrem, wie Menschen, die vorher Corona geleugnet haben, die Auswirkungen des sich verändernden Klimas infrage stellen. Die Fachzeitschrift *Nature* hat zusammengerechnet, dass wir im Jahr 2022 in Europa 60 000 Hitzetote hatten. Deutschland steht in dieser Liste auf Platz drei. Das bedeutet, dass wir viele vulnerable Bürgerinnen und Bürger haben, also Menschen, die Vorerkrankungen haben, alt sind und allein leben, niemanden haben, der auf sie aufpasst. Besonders gefährdet sind aber auch Schwangere oder kleine Kinder.

Eric: Die Hitze an sich ist nicht immer das Problem, daran gewöhnen sich die Menschen. Im Laufe der Zeit hat sich der Mensch immer gut an unterschiedliche Lebensräume angepasst. Durch andere Arbeitszeiten, andere Kleidung, andere Nahrung. Je weiter wir in kältere Regionen mit weniger UV-Strahlung vorgedrungen sind, desto hellere Haut haben wir entwickelt. Wovor uns unsere Anpassungsfähigkeit nicht schützen kann: wenn sich die Wetterphänomene immer schneller verändern. Es sind vor allem Temperaturschwankungen, die unseren Körpern zu schaffen machen. Gerade dann, wenn die eigenen Systeme durch Krankheiten oder Vorerkrankungen gestresst und angeschlagen sind. Mittlerweile wissen wir, dass Schwankungen von zehn Grad Celsius im Minus- oder Plusbereich zu deutlich mehr Sterbefällen führen. Bei Kälte können wir uns durch Kleidung noch einigermaßen gut schützen, bei starker Hitze hilft leider nur wenig. Wir als Bestattungsunternehmen können die Uhr danach stellen, dass unsere Telefone häufiger klingeln als sonst, wenn die Temperatur von zwanzig auf über dreißig Grad Celsius klettert.

Wenn es solche Zahlen gibt, wie kann es dann sein, dass die Folgen des Klimas weiterhin so intensiv geleugnet werden?

Genaue Zahlen sind sehr schwer festzulegen, auch weil auf dem Totenschein nicht »Hitze« oder »Klimaerwärmung« steht, sondern die Folgen davon, also Herzinfarkt, Schlaganfall oder Kreislaufversagen. Hitze tötet auf ganz viele verschiedene Arten. Gerade Menschen mit neurologischen Erkrankungen sind sehr gefährdet. Oder Menschen mit einer Nervenerkrankung wie Multiple Sklerose. Es gibt in diesem Zusammenhang eine Menge Patientengruppen, die man zunächst gar nicht auf dem Schirm hat. Wir haben auch deshalb so viele Hitzetote in Deutschland, weil die meisten der betroffenen Risikopatienten sich des Risikos gar nicht bewusst sind.

Was können wir besser machen?

Frankreich macht es vor. Dort gibt es einen Hitzeschutzplan, der unter anderem vorschreibt, dass es in jedem Altenheim einen kalten Raum geben muss. Bei uns stehen so viele Unterkünfte, die in den Sechziger- und Siebzigerjahren aus Stahlbeton zusammengeschustert wurden. Da kommt die Wärme zwar rein, aber nicht raus. Es gibt keine Kühlanlage, keine Verschattung, keine Dachbegrünung. Das gilt auch für Krankenhäuser, Schulen oder Kitas. Wir haben überall eine Infrastruktur, die für eine Welt entstanden ist, die es so gar nicht mehr gibt. Unser Aufholbedarf ist riesengroß. Deckt sich das mit deinen Erfahrungen aus dem Alltag als Bestatter?

Es ist so, wie du es eben gesagt hast. Und mir persönlich macht das Angst. Nicht nur weil auch Mitglieder meiner Familie zu diesen vulnerablen Gruppen gehören, sondern weil die Klimakatastrophe längst Realität ist. In meiner Wahrnehmung sind die gegenwärtigen Folgen von extremer Hitze und Kälte noch bedrohlicher als das Corona-Virus in seiner schlimmsten Phase. Doch ich warte noch auf den Aufschrei, gerade bei den gefährdeten Bevölkerungsschichten.

Die Übersterblichkeit durch Hitze war im Sommer 2022 tatsächlich höher als die Übersterblichkeit durch Corona. Und doch wurde das Thema erstaunlich wenig in den Medien behandelt. Was damit zu tun haben könnte, dass die Medienlandschaft stark von Bildern dominiert wird. Und es gibt beim Thema Hitzetote keine Bilder. 60 000 Tote in Europa müssten eigentlich eine riesige Aufmerksamkeit auf sich ziehen, jeder müsste sich fragen, wie wir das verhindern können. Hitze ist ein einsamer und unsichtbarer Tod.

Dr. Eckhart von Hirschhausen

Die Zahlen überraschen nicht, aber sie machen betroffen. Laut einer Studie des University College London dürfte die Zahl der globalen Hitzetoten bis zur Mitte des Jahrhunderts um 370 Prozent steigen – also dreimal so hoch sein wie jetzt. Bereits heute sind wir Menschen doppelt so vielen Tagen extremer Hitze ausgesetzt wie noch zwischen 1986 und 2005. Das ist insbesondere für Kleinkinder und ältere Menschen lebensbedrohlich. Die Zahl der hitzebedingten Toten, die älter als 65 Jahre sind, ist gegenüber den Jahren von 1991 bis 2000 zuletzt um 85 Prozent gestiegen. Zitat der Forschenden aus London: »Nichtstun wird uns teuer zu stehen kommen. Wir können es uns nicht leisten, so untätig zu sein. Der Preis dafür sind Menschenleben.«

Die steigenden Temperaturen haben auch Einfluss auf externe Faktoren, die unsere Gesundheit betreffen, zum Beispiel die Lebensmittelversorgung. Bereits 2021 litten 127 Millionen Menschen in 122 Ländern unter einer mangelhaften Versorgung. Am meisten betroffen sind Länder, die am wenigsten zu den globalen Emissionen beitragen. Zudem werden die sicheren Stunden zur sportlichen Betätigung oder zum Arbeiten im Freien immer geringer. Die Gefahr durch Waldbrände oder Ausbreitung von tropischen Krankheiten hat stark zugenommen. Wenig überraschend auch, wie sehr die Klimakatastrophe mit unserer Ernährung zu tun hat. 57 Prozent aller Treibhausgasemissionen in der Landwirtschaft werden durch die Haltung von Nutztieren verursacht.

Über nachhaltiges Sterben

Als Person des öffentlich-rechtlichen Rundfunks erreichst du vor allem ältere Menschen – wie reagieren die eigentlich darauf, dass ihr Eckart jetzt solche heißen Themen anfasst?

Ich mache weiterhin eine Unterhaltungssendung für den Samstagabend *(Was kann der Mensch?)*. Aber zwei- bis dreimal im Jahr habe ich die Möglichkeit, am Montagabend Dokumentationen zu präsentieren. Das Besondere dabei ist, dass die nicht nach einem festen Drehbuch stattfinden, sondern ich mich in Situationen begebe, in die man erstens nicht so einfach hinkommt und die einem zweitens Angst machen – ich eingeschlossen, wie bei der Dokumentation *Hirschhausen im Hospiz: Wie das Ende gelingen kann*. Während meines Medizinstudiums hatte ich bis auf den Präp-Kurs so gut wie keinen Kontakt mit dem Sterben und mit dem Tod.

Was genau ist der »Präp-Kurs«?

Der Präparierkurs ist Teil der Anatomie-Ausbildung und wie so eine Art Initiationsritual gleich im ersten Semester. Unter Aufsicht werden da mit einer Fixierlösung Leichen seziert. Dabei geht es nicht nur darum, Anatomie zu lernen, sondern auch, sein Mitgefühl zu dosieren. Alles skurril, wenn man mit ein wenig Abstand draufguckt. Warum ich mich daran erinnere: Wir alle verdrängen den Tod und die Tatsache, dass wir als Menschheit vom Aussterben bedroht sind. Auch die Medizin hat den Tod lange verdrängt und so getan, als sei er eine Art Betriebsunfall. Wir tun oft noch so, als sei der Tod ein Feind der Medizin. Ich bin ein großer Bewunderer von Viktor Frankl, der als jüdischer Arzt das KZ überlebt hat und sich danach in seinen Büchern großartige Gedanken über die Sinnhaftigkeit des Lebens machte. Unter anderem

Dr. Eckhart von Hirschhausen

auch darüber, was die Häftlinge im KZ dazu brachte, die bestialischen Umstände zu überstehen und zu ertragen. Grob zusammengefasst waren das drei Dinge: erstens das Gefühl, diese schlimmen Erfahrungen könnten für irgendetwas gut sein, für eine Idee, die größer ist als man selbst, zweitens die Gemeinschaft und drittens der Humor. Frankl hatte sich mit seinen Mithäftlingen geschworen, jeden Tag einen Witz zu erzählen, um sich die Freiheit des Lachens zu bewahren. Das schlägt den Bogen zu meiner ersten Stiftung »Humor heißt heilen«.

Man erinnert sich an dich mit der roten Nase.

Ich hatte lange gedacht, dass dieser Ansatz nur bei kranken Kindern funktioniert, doch dann haben wir ein Projekt ins Leben gerufen, bei dem speziell dafür ausgebildete Schauspielerinnen und Schauspieler auf Palliativstationen unterwegs waren, um dort mit den Menschen Szenen oder unerfüllte Wünsche aus ihrem Leben nachzustellen, zum Beispiel eine Gondelfahrt durch Venedig inklusive improvisierter Begleitmusik. Unter den Top Ten der Wünsche von Menschen an ihrem Lebensende hat dieser Wunsch einen festen Platz: Ich möchte meinen Humor nicht verlieren.

Wie bewertest du das?

Dass wir auch bei sehr ernsten Themen wie Tod und Sterben daran denken, dass Lachen nichts Oberflächliches ist. Humor ist für mich auch ein Ja zu den Widersprüchen des Lebens. Ja, das Leben ist manchmal so absurd, dass man darüber lachen, weinen oder verzweifeln könnte. Und Lachen ist die gesündeste Variante.

Über nachhaltiges Sterben

Eric: Es ist schon unglaublich, was die palliative Versorgung seit den Achtzigerjahren alles verändert hat. Auch wenn der Begriff bereits seit Mitte des 19. Jahrhunderts verwendet wird, gab es die erste systematische Weiterbildung für Mediziner 1985 – in England. Die Umkehr des ärztlichen Ansatzes – weg von der Heilung hin zur Linderung bis zur Erfüllung von Sterbewünschen – war eine Revolution.

Unterstützt von der Hospizbewegung, die Todkranke nicht mehr zum Sterben ins Nebenzimmer schieben wollte, haben wir mittlerweile auch in Deutschland Rahmenbedingungen geschaffen, damit sich Sterbende überhaupt die Frage stellen dürfen, was sie brauchen und was sie sich wünschen. Ob das tatsächlich immer Humor ist, kann ich nicht beantworten, wohl aber, dass Selbstbestimmung immer ein zentrales Thema ist, über das sich Menschen mit lebensverkürzenden Erkrankungen oder sehr alte Menschen Gedanken machen. Wie viel Schmerz muss ich ertragen? Welche Behandlungen sollen zugelassen werden? Ab wann empfindet man das eigene Leben als lebenswert? Über solche und ähnliche Fragen werden wir noch viele Diskussionen führen. Ob es irgendwann – wie bei den Simpsons prognostiziert – Suizidkabinen geben wird, wage ich zumindest zu bezweifeln.

Es gibt in diesem Bereich noch viele andere Institutionen, die ich wunderbar finde. In einer anderen Podcast-Folge hatten wir Mitarbeitende des »Wünschewagens« zu Gast, ein ehrenamtliches Projekt, das alten und kranken Menschen die Möglichkeit verschafft, sich besondere Wünsche zu erfüllen, bevor sie sterben. Noch einmal ans Meer fahren. Noch einmal im Stadion Fußball gucken. Normalität spüren und sich von wichtigen Dingen verabschieden. Allein, dass es so etwas Großartiges wie den »Wünschewagen« gibt, zeigt ja, wie viel sich in dieser Hinsicht schon getan hat.

Dr. Eckhart von Hirschhausen

Einige dieser erfüllten Wünsche sind in Videos festgehalten worden. Bitte Taschentücher bereithalten! www.wuenschewagen.de/wuensche

---

Bei dir beobachte ich, dass die Themen, mit denen du dich beschäftigst, immer ernster, immer größer werden. Ist das die Suche nach etwas Sinnhaftem, ist es das Älterwerden?
Wenn man sich in der zweiten Lebenshälfte befindet, spielt es irgendwann nicht mehr die große Rolle, was man noch erreichen kann, sondern was man hinterlässt. Deshalb gebe ich mir die Freiheit, mich mit Themen auseinanderzusetzen, die so groß sind, dass ich zwangsläufig an ihnen scheitern muss. Ich werde die Klimakrise allein nicht aufhalten, auch nicht zusammen mit meinem Stiftungsteam. Aber mithelfen, das will ich.

Ich glaube, dass du die Macht unterschätzt, die man als einflussreiche prominente Persönlichkeit besitzt. Meine Oma ist jetzt 87 Jahre alt und lebt in Rostock. In Rostock gibt es ein Hospiz. Für meine Oma war das bislang ein sehr dunkler Ort. Da gehen die Menschen zum Sterben hin. Mit deiner Doku aus dem Hospiz hast du ihr als eine ihrer öffentlich-rechtlichen Vertrauenspersonen diese Angst genommen und ihre Sicht verändert. Du siehst, die Möglichkeiten, etwas zu verändern, sind also durchaus vorhanden.
Mit Blick auf die Klimakrise frage ich mich oft, was uns als Gesellschaft eigentlich daran hindert, dass wir uns diesem Thema stellen. Und wie befreiend es sein könnte, uns mit der eigenen Unzulänglichkeit, der Endlichkeit des Lebens und der

Endlichkeit der Ressourcen auf diesem Planeten ehrlich auseinanderzusetzen. Gerade das Jahr 2023 hat doch gezeigt, was diese Krise wirklich bedeutet. Länder und Regionen, die für uns Deutsche immer Sehnsuchtsorte waren, leiden furchtbar unter Hitze und Trockenheit oder Extremwetter. Und trotzdem habe ich bei unserem Verhalten gegenüber der Klimakrise ein bestimmtes Bild vor Augen. Wie man nachts mit voller Blase wach wird, eigentlich genau weiß, was zu tun ist, und doch lieber die Augen zumacht und vergeblich darauf hofft, dass das Problem von allein gelöst wird. Wir bescheißen uns im Kleinen wie im Großen.

Trotzdem hast du die Hoffnung noch nicht aufgegeben, dass wir uns selbst ans Bein pinkeln?

Ich glaube, dass irgendwann der Aha-Moment kommen wird, wo wir feststellen, dass wir mehr Energie für die Verdrängung aufbringen müssen als für die ehrliche Wahrnehmung des Problems. In der Medizin gibt es einen einfachen Grundrhythmus. Erst mal die Diagnose klären und dann über Therapiemaßnahmen reden. Wenn man das nicht einhält, passiert das, was wir derzeit in der Politik beobachten müssen: überall Streit über viele kleine Schritte in der Therapie, aber niemand traut sich, die Diagnose zu benennen.

Wie lautet die?

Wenn wir so weitermachen wie bisher, dann ist nichts mehr mit Wohlstand. Nichts mehr mit einem guten und entspannten Leben. Dann kämpfen wir jeden Tag mit Extremwetter, mit Wassermangel, mit Nahrungsmittelmangel, mit Überbevölkerung, weil die Menschen aus purer Not nach Europa fliehen. Es wird neue Allergien geben, neue Infektionskrankheiten.

Dr. Eckhart von Hirschhausen

Wir holzen die Regenwälder ab, wir nehmen den Tod von Menschen und Tieren billigend in Kauf, um wahnsinnig viel Fleisch zu erzeugen. Wie absurd ist das denn? Wir haben zwei Milliarden Menschen, die übergewichtig sind. Eine Milliarde, die gleichzeitig hungert. Und wir schieben Getreide in Kühe und Rinder, damit aus zwanzig Kalorien eine Kalorie wird. Der Rest ist Pupse, Kacke, Rülpse und macht den Boden, das Grundwasser und die Atomsphäre kaputt, während wir das als Stück Lebensqualität preisen, auf das wir einen Anspruch haben. Zukünftige Generationen werden uns so was von den Vogel zeigen: Wie seid ihr nur mit diesem Planeten umgegangen?

Eric: Die Bestattungsbranche hat Themen wie Nachhaltigkeit und Ökologie zwar auch für sich entdeckt, versteckt sich jedoch noch weitestgehend hinter schönen Überschriften und ist weit davon entfernt, sauber zu arbeiten. Alle wollen sich Grün auf die Fahnen schreiben, die eigentlichen Probleme werden allerdings nicht ernsthaft angegangen. Ein nachhaltiger Sarg oder eine nachhaltige Urne gleichen eben nicht aus, was der Weg bis zur Bestattung oder die Ver- und Entsorgung des menschlichen Körpers selbst ökologisch kostet. Bei der Kremation von Verstorbenen entstehen unter anderem verschiedene Feststoffe, die sich zum Teil als Anhaftungen im Inneren der Öfen ablagern. Diese Ablagerungen müssen im Rahmen der Reinigungs- und Wartungsarbeiten entfernt werden. Die Ablagerungen sowie abgenutzte Schamottsteine sind aufgrund der hohen Chrom-6-Anreicherung unter Umständen nach der höchsten Deponie-Klasse zu entsorgen. Dafür stellen Entsorger spezielle Abfallbehältnisse zur Verfügung, um die zum

Über nachhaltiges Sterben

großen Teil gefährlichen Abfälle gesetzeskonform, fachgerecht und umweltschonend in geeigneten Anlagen zu entsorgen.

Beim Umgang mit Verstorbenen darf es jedoch nicht nur um Nachhaltigkeit gehen. Die sauberste bekannte Variante ist die Lavation (siehe auch das Interview mit Sebastian Fitzek), dauert jedoch knapp einen halben Tag. Bei circa einer Million Toten in Deutschland pro Jahr kann man sich den Aufwand vorstellen, während eine Einäscherung sechsmal so schnell geht. Sterben ist eben auch eine Frage der Zeit.

Das große Ziel muss es sein, mit den aktuell angewandten Methoden noch sauberer und effizienter zu arbeiten. Kurze Wege elektrisch oder mit dem Fahrrad zu bewältigen. Nur Hölzer zu verwenden, die schnell nachwachsen. Auf Alternativen auszuweichen, die einen möglichst kleinen CO^2-Fußabdruck haben. Blumen muss man nicht aus dem Ausland bestellen, sondern aus dem nahe gelegenen Wald oder Garten besorgen.

Am Ende muss die Mischung stimmen. Ich möchte niemandem vorschreiben, was gut und richtig ist. Gerade wenn es um Symbole geht. Natürlich müsste es nicht unbedingt sein, Luftballons steigen zu lassen, obwohl es die mittlerweile auch nachhaltig gibt. Aber wenn es inhaltlich passt und gewünscht wird, wäre mir das wichtig. Gute Bestatter zeichnet es aus, dass sie die Anliegen ihrer Kundinnen und Kunden ernst nehmen und gleichzeitig darauf hinweisen, welche Produkte und Angebote wirklich wichtig sind.

Es geht dir also auch darum, etwas zu hinterlassen, um den nächsten Generationen deutlich zu machen, dass wir es wenigstens versucht haben, uns in die richtige Richtung zu bewegen?

Dazu fällt mir eine Anekdote ein. Auf der Weltklimakonferenz warfen ein paar Politiker – und ich gendere jetzt nicht, denn es waren nur alte weiße Männer – der »Fridays for Future«-Bewegung vor, sie hätten doch keine Ahnung, würden die Schule schwänzen und sollten die Politik den Profis überlassen. Doch das führte dazu, dass 28 000 Wissenschaftlerinnen und Wissenschaftler bei »Scientist for Future« unterschrieben. Ich war einer davon und saß 2019 gemeinsam mit Luisa Neubauer auf der Bundespressekonferenz, um die deutsche Erklärung vorzustellen. Ich sah sie dann in Glasgow wieder, wo ich sie ganz direkt fragte, was denn ihrer Meinung nach die Aufgabe meiner Boomer-Generation sei. Sie lachte mich an und sagte: »Erst alles kaputt machen und dann beim Aufräumen nicht helfen, das haben wir doch schon im Kindergarten anders gelernt.« Das war so entwaffnend ehrlich, zumal sie noch nachschob, dass wir 60er-Jahrgänge uns ja ziemlich gut halten und sicherlich die nächsten zehn bis fünfzehn Jahre noch am Drücker sein werden. Deshalb ist es Quatsch, die Verantwortung der kommenden Generation zu überlassen, weil in diesem Jahrzehnt die Weichen dafür gestellt werden, ob wir weiter über ein, eineinhalb, zwei oder zweieinhalb Grad hinausschießen und Kipppunkte erreichen, die nie wieder rückgängig zu machen sind.

Diese Irreversibilität finde ich in dem Zusammenhang ein sehr spannendes Thema.

Das ist auch das, was uns beim Tod so sehr Angst macht. Religiöser Trost entsteht oft aus der Idee, dass man sich nach dem Tod vielleicht wiedersieht. Wir können mit unabdingbaren Tatsachen nur schwer umgehen. Ich glaube, das ist auch

Teil der Verdrängung gegenüber der Klimakrise. Ja, okay, es ist schlimm, aber so richtig schlimm ist es ja noch nicht. Und wenn, dann erfinden wir halt etwas dagegen, einen magischen Staubsauger, der das CO^2 wieder einsammelt, oder Gentechnik, mit der wir ausgestorbene Arten zurück auf den Planeten holen. Aber das ist alles Bullshit! Ich kann das Wort Technologieoffenheit nicht mehr hören, weil es meistens eine Ausrede dafür ist, einfach so weiterzumachen wie bisher. Ich habe ein einfaches Bild dafür, warum die Irreversibilität so eine Schranke in unserem Denken ist. Warum enden alle Fieberthermometer auf diesem Planeten bei 42 Grad? Weil der Mensch mehr als 42 Grad Kerntemperatur nicht aushält. Bei 42 Grad passiert was: Eiweiß verändert seine Form. Wenn du ein rohes Ei in warmes Wasser legst, wird es hart. Selbst wenn das Wasser abkühlt, wird das Ei nicht mehr flüssig. Es ist irreversibel in einem anderen Zustand. Aus einem harten Ei wird nie mehr ein Küken. Es hat für immer die Chance auf Leben verloren. Woraus besteht ein Ei? Aus Wasser, Fett und Eiweiß. Woraus besteht unser Körper? Aus Wasser, Fett und Eiweiß. Woraus besteht unser Gehirn? Aus Wasser, Fett und Eiweiß. Wir können uns aus unserer Körperlichkeit nicht herauskaufen. Mit keiner Technik der Welt. Wenn wir weiterhin diesen Planeten so überhitzen, können wir nichts anderes machen, als zu sterben. Kein Mensch kann sich seine eigene Außentemperatur kaufen. Nicht mal Privatversicherte.

Wie viele Anfeindungen bekommst du für solche Erklärungen und deinen Einsatz?

Es fühlt sich nach viel an, weil die sozialen Medien eine brutale Verzerrungsmaschine sind und Wut und Hass eine ganz andere Algorithmus-Power haben. Gleichzeitig bekomme ich sehr viele positive Rückmeldungen, und das bestärkt mich auch, mit meiner Arbeit weiterzumachen. Menschen schreiben mir, dass sie mit meiner Comedy nie viel anfangen konnten, sich aber mit meinem Engagement für den Klimaschutz identifizieren können. Ich bekomme viele Anfragen von Unternehmen und von NGOs, wir machen sehr viel Netzwerkarbeit hinter den Kulissen. Das Problem ist so groß, dass es ressortübergreifend wahrgenommen werden muss. In der Politik muss sich nicht nur das Umweltministerium mit der Klimakrise beschäftigen, auch die Wirtschaft, Arbeit und Soziales, das Bauministerium und so weiter. Bei dieser Verantwortungsdiffusion hilft es total, wenn sich fitte und coole Leute, die für dieses Thema immer bereit sind, eine Extrameile zu gehen, miteinander vernetzen. Und das ist derzeit meine Hauptbeschäftigung. Das hat viel mehr Wirkung als die destruktiven Reaktionen.

Ich verstehe die Arbeit deiner Stiftung auch so, dass ihr davon überzeugt seid, dass sich der ganze Einsatz lohnt, dass die Welt nicht komplett den Bach runtergeht, es also weniger ums Sterben als ums Leben geht.

Ich betone auch immer, dass weniger Fleisch zu essen ein echter Verzicht ist. Verzicht auf einen Herzinfarkt zum Beispiel.

Bist du Vegetarier?

Nein. Aber ich esse nur noch ein- oder zweimal Fleisch im Monat. In diesem Zusammenhang empfehle ich die Planetary Health Diet, einen Ernährungsplan, der die Gesundheit des Menschen und des Planeten schützen soll. Ein großer Schritt wäre es, solch eine Strategie auf die öffentliche Verpflegung zu übertragen, also auf Schulen, Kitas, Mensas oder Kasernen. Ein Tabuthema im Bestattungswesen ist ja, dass immer mehr Menschen übergewichtig sind. Und wenn ein dicker Mensch stirbt, haben bei einer Erdbestattung selbst die Mikroorganismen einen schweren Job ...

Eric: Bei dem Thema zeigen wir gerne spöttisch auf die USA, aber ein Blick in die Statistiken reicht, um uns diese Überheblichkeit zu nehmen. In den Vereinigten Staaten sterben circa zwölf Prozent aller Menschen pro Jahr an den Folgen ihrer Fettleibigkeit, in Deutschland sind es mehr als zehn Prozent. Das ist allerdings gar nichts gegen die arabischen Länder. In den Arabischen Emiraten, Katar, Bahrain und Kuwait sind es zwanzig Prozent, die an den Folgen und Folgeerkrankungen von Fettleibigkeit sterben. Hitze und Fettleibigkeit sind eben keine gute Kombination.

Für unsere Arbeit ist Fettleibigkeit eine besondere Herausforderung. Einen Menschen über hundertfünfzig Kilo hebe ich nur mit einer bestimmten Technik oder mit der Unterstützung von mindestens zwei Kolleginnen oder Kollegen. Und über übergroße beziehungsweise überbreite Särge denke ich da noch gar nicht nach.

In den USA müssen inzwischen sogar die Brennkammern in den Krematorien vergrößert werden, weil die Körper nicht mehr reinpassen.

Stichwort Feuerbestattung: Was ist denn das für ein Zeichen für die Nachwelt, wenn auf den letzten Drücker noch einmal richtig viel fossile Energie verballert werden muss, der Planet für einen toten Menschen also noch zusätzlich aufgeheizt wird?

Mich beschäftigt nachhaltiges Arbeiten in unserer Branche sehr, und gegenwärtig kann ich dir leider keine Studie nennen, die mir belegt, welche Bestattungsform am nachhaltigsten ist. Eine Kremation zum Beispiel ist zwar sehr sauber, doch am Ende bleiben große blaue Sondermülltonnen mit Filterrückständen übrig. Der größte Dreckträger bei einer Bestattung ist der Körper. Gerade dann, wenn er in den letzten Jahren seines Lebens mit Medikamenten vollgepumpt wurde. In Zukunft müssen wir uns noch genauer fragen, wie wir mit unseren toten Körpern umgehen, und dabei die Balance hinbekommen zwischen größtmöglicher Sauberkeit und Bewahrung der Menschenwürde.

Ich war mal zu Besuch im Wald von Peter Wohlleben (Autor des Bestsellers *Das geheime Leben der Bäume*). Wir sprachen über die Tatsache, dass in der Natur alles in einem Kreislauf passiert, so gesehen auch kein Müll produziert wird. Solange kein Mensch da ist. Dazu fiel mir ein Spruch ein: »On the beach and in the sea, animals do not leave trash. Humans do. Please behave like animals.« Mit Peter lag ich auf dem Boden, gleich neben den Wurzeln eines Baumes. Es war sehr friedlich. Ich sagte zu ihm: »Wenn wir lange genug einfach so liegen bleiben, dann werden wir wieder Teil dieses Baumes.« Und das fand ich irgendwie deutlich angenehmer als die Vorstellung, noch einmal auf zweitausend Grad hochgeheizt zu werden.

Die Bestattungskultur befindet sich im Wandel. Eine der wichtigsten Veränderungen der vergangenen Jahrzehnte: Immer mehr Menschen wählen die Feuerstatt eine Erdbestattung. Urnenbestattungen machen in Deutschland inzwischen mehr als siebzig Prozent aus. Laut Ralf Michal, Vizepräsident des Bundesverbands Deutscher Bestatter, hat das vor allem mit der sozial-demografischen Entwicklung zu tun: »Angehörige und Familien wollen keine Grabpflege mehr und zum Teil auch keine Grabstätten, an die sie gebunden sind.« Diese Delokalisierung der Trauer sorgt dafür, dass auf deutschen Friedhöfen so viel Platz ist wie noch nie – und damit die Möglichkeiten der Umnutzung steigen.

Auch das Angebot der Bestatterbranche hat sich geändert. Teure und aufwendig verzierte Särge sind weniger gefragt. Gab es 1990 noch hundert mittelständische Sargbauer, sind es heute nur noch etwa fünfzehn. Nur noch zwanzig Prozent der Särge stammen aus Deutschland, der Großteil wird aus dem Ausland importiert, meistens aus Osteuropa.

Trotz dieses Rückgangs sind die Umsatzzahlen der Bestatterbranche gestiegen. 2019 lagen sie laut Statistischem Bundesamt bei mehr als zwei Milliarden Euro, ein Plus von vierzig Prozent im Vergleich zu 2009. Das hat vor allem damit zu tun, dass rund um Bestattungen immer mehr verschiedene Dienstleistungen in Anspruch genommen werden, zum Beispiel Trauerredner.

Dr. Eckhart von Hirschhausen

> Gleichzeitig ist der sinkende Einfluss der großen Kirchen auch bei den Bestattungen zu beobachten. Von den rund 982 000 Sterbefällen in 2020 machten religiöse Bestattungen nur noch etwa fünfzig Prozent aus. Anfang der 2000er-Jahre lag der Anteil noch bei rund siebzig Prozent.

Wenn ich jetzt morgen den Anruf bekomme, dass Eckart von Hirschhausen verstorben ist, sollst du eine Erdbestattung bekommen?
Ja.
Dann bräuchte ich noch einen Song, der auf deiner Beerdigung laufen sollte.
Ich finde »Tears in Heaven« von Eric Clapton wunderbar. Ich bin allerdings auch ein großer Fan von Kirchentagen und dem gemeinsamen Singen. Vielleicht dann so was wie »Geh aus mein Herz und suche Freud«. Oder irgendwas von John Denver, »Leaving on a Jet Plane«. In so einem Abschiedsritual sehe ich einen großen generationenübergreifenden Wert. Meine Großeltern stammen aus dem Baltikum. Die sind zunächst umgesiedelt worden und dann geflüchtet. Auch ich habe Migrationshintergrund – meine Eltern sind beide nicht in Deutschland geboren. Auf der Beerdigung meiner Großmutter wurde ein Lied aus ihrer alten Heimat gespielt. Es heißt »Segne und behüte«. Da kommen mir schon beim Gedanken daran die Tränen. Das muss auf jeden Fall auch dabei sein.

Über nachhaltiges Sterben

Eric: Spannend, dass selbst sehr wissenschaftlich denkende Menschen wie Eckart beim Thema Tod Trost und Halt in Traditionen und Ritualen suchen. Bei ihm bin ich mir sehr sicher, dass am Ende auch der nachhaltige Aspekt eine sehr wichtige Rolle spielen wird.

Eckart von Hirschhausen, geboren 1967 in Frankfurt am Main, studierte Medizin in Berlin, Heidelberg und London und arbeitete anschließend als Arzt in Bern, Johannesburg und Berlin. 1994 promovierte er an der Uni Heidelberg, Thema seiner Doktorarbeit: »Wirksamkeit einer intravenösen Immunglobulintherapie in der hyperdynamen Phase der Endotoxinämie beim Schwein«. Bereits während seiner Studienzeit sammelte von Hirschhausen Bühnenerfahrung als Zauberkünstler und Varietémoderator, in der Folge entwickelte er als medizinischer Kabarettist ein eigenes Genre, das wissenschaftliche Inhalte mit komödiantischer Darbietung verbindet. Von Hirschhausen ist regelmäßig auch als Journalist und Autor für verschiedene Medien tätig, bekannt ist er vor allem als Fernsehmoderator und TV-Produzent. Der in Berlin lebende von Hirschhausen gründete 2008 die Stiftung »Humor hilft Heilen«, die Clowns in Krankenhäusern und Pflegeheimen einsetzt. Er gehört zahlreichen weiteren Stiftungen und gemeinnützigen Vereinen an, 2020 gründete er die Stiftung »Gesunde Erde – Gesunde Menschen«.

Die Hip-Hop-Band **Antilopen Gang** über Depressionen und Selbstmord

»Suizid ist so ein krasser Einschnitt, so eine ultimative, nicht rückgängig zu machende Tat, das kann man in dem Moment einfach nicht fassen.«

Die Antilopen Gang war ein junger aufstrebender Underground-Hip-Hop-Act, als sich Bandmitglied Jakob Wich aka NMZS das Leben nahm. Wie haben es seine Freunde Kolja Podkowik (aka Koljah) und Tobias Pongratz (aka Panik Panzer) geschafft, mit der Trauer und der Wut umzugehen? Wie sind sie damit klargekommen, sein künstlerisches Erbe zu verwalten? Und wie verändert so ein Schicksalsschlag das eigene Empfinden für den Leben und den Tod? Ein Gespräch über die passende Musik auf Trauerfeiern, Emotionen, die man sich eigentlich verbieten möchte, und Wünsche für den eigenen Abschied.

Eric Wrede: **Lieber Kolja, lieber Tobias: Gibt es den perfekten Hip-Hop-Song für eine Beerdigung?**

Kolja Podkowik (aka Koljah): Mein erster Gedanke bei perfekter Hip-Hop-Song war »Still D.R.E.« von Dr. Dre und Snoop Dogg. Aber für eine Beerdigung ist der wohl eher ungeeignet. Ich muss passen.

Tobias Pongratz (aka Panik Panzer): Ich muss sagen, dass ich es ganz furchtbar finde, wenn auf Beerdigungen todtraurige Lieder gespielt werden, die nur dafür da sind, die Trauergesellschaft zum Heulen zu bringen. Das möchte ich auf meiner eigenen Beerdigung unbedingt vermeiden. Aber eine konkrete Idee habe ich leider auch nicht.

Kolja: Ich weiß nicht, ob ich auf meiner Beerdigung unbedingt einen Song bräuchte, der den Tod thematisiert. Aber mir ist gerade trotzdem ein Song eingefallen, der genau das tut: »Life Goes On« von 2Pac. Da rappt er für seine verstorbenen Homies, den mag ich wirklich sehr. Aber auf meiner Beerdigung würde ich den dennoch nicht hören wollen.

Tobias: Was ich auch sehr unangenehm finde: Wenn jemand für die oder den Verstorbene/n singt, dabei allerdings von der Emotion gepackt wird, anfangen muss zu weinen und den Song nur noch schluchzend beenden kann. Bei dem Gedanken bekomme ich komische Gefühle.

Ich mag es eigentlich, wenn die Reaktionen sehr persönlich sind und nicht professionell runtergerattert werden. Aber die Linien zwischen Emotionen, die nahegehen, und Fremdscham sind vermutlich recht dünn.

Kolja: Ich finde die Kategorie »Fremdscham« in diesem Zusammenhang nicht so passend. Wenn die verstorbene Person zum Beispiel Musik gemacht hat und jemand auf der Beerdigung dann gerne einen gemeinsamen Song spielen will, dann finde ich das durchaus legitim. Dafür möchte ich mich nicht schämen.

Habt ihr schon mal eine Anfrage bekommen, auf einer Beerdigung zu spielen?

Tobias: Nein. Und ich fände es auch ziemlich skurril.

Würdet ihr denn auftreten, wenn euch jemand fragen würde, der euch sehr nahesteht?

Kolja: Wenn uns diese Person vor ihrem Tod fragt, würde ich sicherlich darüber nachdenken. Aber ich kann dir jetzt nicht sagen, ob ich das wirklich machen würde. Ich würde es aber nicht kategorisch ausschließen. Was ich jetzt schon ausschließen kann: wenn die Anfrage von jemandem kommen würde, den ich nicht kenne.

Tobias: Mein Gefühl ist: Ich würde es machen. Ich wollte auch nicht sagen, dass ich mich bei einem Auftritt schäme, aber ich fände die Mischung aus Singen und Schluchzen einfach unangenehm. Gerade wenn die Person fast zusammenbricht und glaubt, es bis zum Ende durchziehen zu müssen. Das habe ich zweimal selbst erlebt.

Eric: Die richtige Musik für Trauerfeiern ist immer wieder ein großes, aber auch schwieriges Thema. Spätestens mit den Kindern der Fünfziger- und Sechzigerjahren stirbt eine Generation, für die Musik und Popkultur wesentlicher Bestandteil ihrer Identität waren. Und andersherum war Trauer und Schmerz auch schon immer wesentlicher Bestandteil der Popkultur jener Generation. Bob Dylans »Girl from the North Country« oder »Knockin' on Heaven's Door«, Hank Williams mit »The Funeral«, Blue Öyster Cults »(Don't Fear) The Reaper« – die Liste ließe sich ewig fortsetzen und betrifft natürlich alle musikalischen Entwicklungen und Genres.

Ich habe die Erfahrung gemacht, dass bei Abschieden so ziemlich jeder Song mit Emotionen aufgeladen werden kann. Sei es als Teil der Erinnerung oder weil es inhaltlich so gut passt. Musik in seiner wirksamsten Form – als Verstärker für Emotionen. Damit auch endlich die weinen können, denen es sonst so schwerfällt.

Musik entfaltet aber noch viele andere Kräfte. Zum Beispiel dann, wenn Menschen zusammen singen. Das klappt auch bei Songs, die man gar nicht auf dem Schirm hatte, und entfaltet auf Trauerfeiern immer wieder eine besondere Energie. Singt mal mit zwanzig Leuten »Nur zu Besuch« von den Toten Hosen.

Einer der Gründe, warum ich euch zum Gespräch eingeladen habe, ist der, dass sich in den Anfangsjahren der Antilopen Gang ein Bandmitglied das Leben genommen hat. Jakob Wich aka NMZS. Wie lange gab es euch als Band da schon?
Kolja: Wir kannten uns schon länger, die Antilopen Gang haben wir dann 2009 gegründet: Tobi, Danger Dan, Jakob und ich. Jakob hat sich 2013 das Leben genommen.

> 2022 haben sich in Deutschland 10 119 Menschen das Leben genommen. Es sind also mehr Menschen durch Suizid gestorben als durch Verkehrsunfälle, Drogen, Mord oder HIV zusammen. Zwar waren es 2022 rund zehn Prozent mehr Suizide als im Vorjahr, der Langzeittrend zeigt jedoch eine Abwärtsbewegung. Seit 1980 hat sich die Zahl der Selbstmorde um fünfzig Prozent reduziert. Experten vermuten als Gründe dafür bessere Vorsorgemaßnahmen, eine effektivere Aufklärung und eine gesteigerte mediale Sensibilität für das Thema Suizid. Mitverantwortlich dafür ist auch eine Verkleinerung der Packungsgrößen von schweren Medikamenten, die eine Selbsttötung erschwert. Mit 12,1 Suiziden je 100 000 Ein-

wohner liegt Deutschland im europäischen Vergleich im unteren Mittelfeld dieser traurigen Statistik. Interessant ist, dass sich deutlich mehr Männer als Frauen das Leben nehmen, nämlich fast dreimal so viele (18,2 je 100 000 Einwohner im Vergleich zu 6,2 je 100 000 Einwohner).

Suizide haben auch mit dem Alter zu tun. Die Suizidraten liegen bis zum Alter von fünfzig Jahren unter dem Bundesdurchschnitt, bis zum siebzigsten Lebensjahr steigen sie auf sechzehn Suizide je 100 000 Einwohner, in der Altersgruppe der über 85-Jährigen liegt die Zahl bereits bei 38.

Kennt ihr die Gründe, warum er diesen Weg gewählt hat?

Tobias: Wir waren auf jeden Fall sehr nah dran. Er war schwer depressiv, seit wir ihn kannten, teils mit manischen Phasen. Das haben wir sehr nah begleitet bis zu seinem Tod.

Habt ihr euch vorher damit beschäftigt, dass er sich möglicherweise das Leben nehmen könnte?

Kolja: Wir haben uns schon darüber Gedanken gemacht, aber wenn es dann so weit ist, ist die Situation eine vollkommen neue. Als uns die Nachricht schließlich erreichte, bin ich nicht aus allen Wolken gefallen, aber ich hatte es trotzdem nicht für möglich gehalten. Das ist so ein krasser Einschnitt, so eine ultimative, nicht rückgängig zu machende Tat, das kann man in dem Moment einfach nicht fassen. Obwohl wir uns mit ihm darüber unterhalten hatten, war das dennoch nicht zu begreifen.

Tobi, weißt du noch, wann und wie du es erfahren hast?

Tobias: Es war noch ziemlich früh, ich lag im Bett und

schlief, als der Anruf kam. Als ich sah, wer mich anrief und zu welcher Uhrzeit, war mir klar, was passiert sein musste.

Kolja: Bei mir ist das auch noch sehr präsent. Wir haben das alle an diesem Morgen erfahren. Ich wurde wach und hatte sehr viele Anrufe in Abwesenheit auf meinem Handy. Die Info über seinen Tod las ich dann in einer Nachricht. Tobi, du hast damals noch in Aachen gewohnt und bist gleich in den ersten Zug nach Düsseldorf gestiegen, wenn ich mich richtig erinnere.

Tobias: Ich wusste erst mal gar nicht, wohin mit mir, und bin zu Fuß zu meinen Eltern gegangen. Das war aber auch nicht der Ort, wo ich in diesem Moment sein wollte, also habe ich mich in den Zug gesetzt. In Düsseldorf haben wir uns mit Freunden von Jakob getroffen und waren bis tief in die Nacht zusammen.

Kolja: Ich studierte damals in Göttingen und war erst vier Tage zuvor nach Düsseldorf zurückgezogen. Eigentlich wollten Jakob und ich zusammenziehen. Am 20. März hat er sich das Leben genommen. Am 16. März hatte er mir noch beim Umzug geholfen. Zum damaligen Zeitpunkt war das das Heftigste, was ich je erlebt hatte.

> Die Weltgesundheitsorganisation geht davon aus, dass jeder Suizidtote fünf bis sieben Angehörige hinterlässt. Die Deutsche Gesellschaft für Suizidprävention schätzt, dass bei einem Suizid außerdem noch etwa zwanzig weitere Personen aus dem nahen Umfeld betroffen sind und durch den Freitod eine persönliche Krise überwinden müssen.

Glücklicherweise hat sich in den vergangenen Jahren ein immer größer werdendes Netzwerk gebildet, um Hinterbliebene in dieser Krise zu unterstützen. Wie die Organisation AGUS – Angehörige um Suizid e. V., eine bundesweite Selbsthilfeorganisation für Trauernde, die einen nahestehenden Menschen durch Suizid verloren haben. Bundesweit gibt es aktuell über achtzig Selbsthilfegruppen, die auf die Kompetenz Betroffener und die langjährige Überlebens-Erfahrung setzen.

Untersuchungen haben ergeben, dass die Trauer von Hinterbliebenen eines Suizids mehr Gemeinsamkeiten als Unterschiede hat im Vergleich zur Trauer bei anderen Todesarten. In manchen Fällen kann die Trauer jedoch pathologische Züge annehmen, Betroffene leiden an dem Gefühl, verlassen worden zu sein, und sehen keinen Sinn mehr im Leben oder leben mit starken Schuldgefühlen. Im Extremfall neigen sie zu selbstschädigendem Verhalten, vernachlässigen ihre Mitmenschen und ihren Beruf und leiden an langfristigen Schlaf- und Essstörungen sowie Depressionen. Ein Team von US-amerikanischen Wissenschaftlern fand heraus, dass besonders enge Angehörige von Selbstmördern ein erhöhtes Risiko haben, Symptome komplizierter Trauer zu entwickeln. Eine standardisierte Therapie gibt es dafür bislang noch nicht. Experten raten, dass die Betroffenen lernen, den Schmerz des Verlustes zu erfahren und seine Wirklichkeit zu akzeptieren.

Ihr habt von dem Freundeskreis in Düsseldorf erzählt. Welche Erinnerungen habt ihr an das gemeinsame Trauern?

Kolja: Das waren Jakobs engste Freunde, und die blieben in den folgenden Tagen und Wochen auch sehr nah beieinander. In der Zeit kamen weitere Freunde dazu, die sich zwar kannten, sich aber im Laufe der Jahre ein wenig auseinandergelebt hatten und nun über den gemeinsamen Nenner Jakob wieder zueinanderfanden. Tobi und ich gehörten dazu, auch Daniel, der damals schon in Berlin wohnte und recht schnell nach Düsseldorf kam. In dieser Zeit waren wir alle zusammen, auch mit Jakobs Eltern.

Wie nah hat euch seine Familie während dieser Trauerzeit herangelassen?

Kolja: Sehr nah. Ich durfte sogar Jakobs Urne in die Erde absenken. In der Zeit nach seinem Tod haben wir uns alle in Aktivitäten gestürzt, zum Beispiel in die Organisation einer Ausstellung in Düsseldorf – Jakob hat sehr gerne Comics gezeichnet. Sein WG-Zimmer musste aufgelöst werden, die Eltern brauchten Unterstützung, es gab also genug zu tun, und darum hat sich diese Gruppe von Menschen, zu der auch die Antilopen Gang gehörte, gekümmert.

Außerdem habt ihr mitgeholfen, sein Soloalbum posthum zu veröffentlichen.

Tobias: Genau. Das Album war fertig geschrieben, fertig aufgenommen und letztlich auch schon fertig für die Veröffentlichung konzipiert. Er hatte zum Beispiel einen Comic gezeichnet, der dem Album beiliegen sollte.

Kolja: Wir mussten nur ganz wenige Anpassungen vornehmen, eigentlich hatte er das alles noch selbst vorbereitet.

Eric: Jeder kennt Platten, die posthum auf den Markt gespült werden. Gleiches gilt für andere künstlerische Erzeugnisse, Filme, Bücher und so weiter. Gerade Menschen, die sich kreativ betätigen, sollten klare Regeln aufstellen, was mit ihrem Nachlass geschehen soll. Sonst endet es wie bei Johnny Cash, wo jeder musikalische Schnipsel nachträglich verwurstet wird – ganz bestimmt auch Stücke, die nie für die Öffentlichkeit vorgesehen waren. Andererseits: Wenn das ein Weg ist, um die Hinterbliebenen finanziell zu entlasten – warum nicht? Meine Frau soll bitte alles, was man von mir nachträglich zu Geld machen kann, verhökern. Hast du das gelesen, liebe Katja?

Gab es neben Jakobs Depression noch andere Umstände, die zu seinem Tod beigetragen haben?

Kolja: Ein paar Lebensumstände hatten sich verändert, er hatte sein Studium gerade abgeschlossen und war sich nicht ganz sicher, wie es weitergehen sollte. Aber letztlich hatte sich das alles über die Jahre hinweg angebahnt, da gab es keinen zusätzlichen Auslöser.

Eure Arbeit an seinem künstlerischen Erbe: Wart ihr euch da von Anfang an einig, oder gab es einen Diskurs darüber, ob und wie ihr das umsetzen wollt?

Kolja: Das war uns schon am ersten Abend klar. Wir waren damals noch nicht sehr bekannt, und viel zu wenige Menschen wussten, was Jakob für ein großartiger Rapper war. Durch seinen Tod bekamen wir erst mehr mediale Aufmerksamkeit. Vorher waren wir ein Underground-Rap-Act. Das war mir damals nicht bewusst, ich wollte nur, dass die Welt erfährt, dass es diesen Typen gab und was für ein fantastischer Künstler er war. Das war die Motivation hinter der Ausstellung und hinter dem Album, hinter der Idee, ihn in unseren Texten zu erwähnen. Ihn damit auf eine Art am Leben zu erhalten.

Wenn ich an Hip-Hop denke, dann denke ich nicht sofort an die sensible Auseinandersetzung mit einer solchen Thematik. Wie hat die Community in Deutschland auf euren Einsatz reagiert?

Kolja: Insbesondere die Hip-Hop-Medien waren schockiert, für die war das eine News. Ich weiß noch, dass ich damals jeden Facebook-Post zu Jakob gelesen und mich über die Anteilnahme gefreut habe. Das hat mir und uns Kraft gegeben, das war irgendwie wichtig. Später gab es dann auch kritische Stimmen, die das Album als eine Art nachträglichen Ausverkauf bezeichnet haben. Das fand ich bescheuert, vor allem weil es Leute waren, die gar nicht wussten, was bei uns Phase gewesen war.

Stand eigentlich irgendwann die Frage im Raum, ob ihr die Band nach Jakobs Tod auflösen solltet?

Tobias: Nein. Im Gegenteil. So blöd es klingen mag, aber uns hat das eher gepusht und motiviert weiterzumachen. Nach dem Motto: Jetzt erst recht, davon lassen wir uns nicht unterkriegen. Eine der ersten Sachen, die wir öffentlich dazu gesagt haben, war genau das: dass wir weitermachen. Vielleicht haben wir dabei fälschlicherweise den Eindruck erweckt, dass diese Entscheidung zur Debatte gestanden hatte, aber das war nicht der Fall.

Und habt ihr darüber nachgedacht, den leeren Platz von Jakob durch eine andere Person zu ersetzen?

Tobias: Nein. Wir waren und sind ja auch keine Rockband,

wo der Platz des Gitarristen frei wird. Sondern eine Rap-Crew. Da wird niemand ersetzt.

Kolja: Solange Jakob noch gelebt hat, war unsere Struktur gar nicht wie eine klassische Band. Wir haben verschiedene Projekte gemacht, mal nur zu zweit, mal allein. Bei Auftritten waren wir so gut wie nie zu viert anwesend, sondern eher ein loser Verbund. Jakobs Tod hat uns eher darin bestärkt, die Antilopen Gang zu dritt weiterzuführen. Wir haben uns – zehn Tage nach seinem Tod – alle das Bandlogo tätowiert und uns noch einmal ganz neu mit der Band identifiziert. Sein Tod hat uns enger zusammengeschweißt.

Ich kenne das aus dem eigenen Umfeld. Ich habe mir – wie viele andere Freunde – eine Lotusblume als Tattoo stechen lassen, eine Erinnerung an einen verstorbenen Freund. Ich finde es immer wieder erstaunlich, welche Dynamiken so ein Verlust innerhalb eines sozialen Kreises auslösen kann. Was habt ihr in eurem Umfeld beobachten können?

Tobias: Natürlich war das eine schlimme Zeit, wir haben zusammen geheult und gelitten. Das war furchtbar. Nichtsdestotrotz habe ich diese gemeinsame Zeit mit seinen Freunden als schöne Zeit in Erinnerung. Wir sind durch seinen Tod sehr zusammengerückt. Nachts sind wir durch Düsseldorf gezogen und haben NMZS-Tags an die Hauswände gemalt. Ich traue mich kaum, es zu sagen, aber es steckt auch eine schöne Erinnerung in dieser schlimmen Zeit.

Ich höre da eher viel Liebe heraus und finde deine Einschätzung legitim. Hat sich eure Einstellung zum Thema Depression oder Verlust durch das Erlebte verändert?

Kolja: Was wir jetzt auf jeden Fall wissen: Die Möglichkeit, dass sich ein Mensch dazu entschließt, sich das Leben zu nehmen, ist da und kann passieren. Wenn ich heute mit Menschen kommuniziere, die depressiv sind oder sogar von Suizid sprechen, dann nehme ich das noch einmal ganz anders wahr als vor Jakobs Tod. Gleichzeitig fühle ich mich deshalb aber auch nicht zuständig für alle Depressiven; dieser Eindruck wird manchmal von außen an uns herangetragen. Fans von NMZS oder der Antilopen Gang, die sich nicht nur mit unserer Musik, sondern auch mit Jakobs Krankheit identifizieren, sehen uns oft als ihre Ansprechpartner, aber davon – das musste ich lernen – muss man sich distanzieren. Das geht nicht.

Könnt ihr beschreiben, wie das in der Praxis aussah?

Kolja: Du spielst zwei Stunden ein Konzert, bist völlig durchgeschwitzt, kommst von der Bühne, und da wartet jemand auf dich, der dir erzählt, dass sich sein bester Freund auch umgebracht hat. Oder dass sie oder er selbst darüber nachdenkt, sich das Leben zu nehmen. Oder man wird in den Arm genommen, um gemeinsam Jakob zu betrauern. Das sind Momente, die einen wahnsinnig überfordern. Man will nicht unsensibel erscheinen bei solchen Themen, aber das geht einfach nicht. Das ist der falsche Ort, die falsche Zeit.

Wie reagierst du dann?

Kolja: Ich habe gelernt, mich schnell aus der Situation zu befreien, und teile den Menschen mit, dass ich der falsche Ansprechpartner bin und dass man sich bitte anderweitig professionelle Hilfe suchen sollte. Teilweise lasse ich Menschen auch einfach stehen, weil es anders nicht geht.

Ich habe mir angewöhnt, relativ hart zu reagieren. Auch mich kontaktieren Menschen, um mir zu erzählen, dass sie sich das Leben nehmen wollen. Dann antworte ich in der Regel: »Wenn du das wirklich so meinst, dann muss ich jetzt den sozialpsychiatrischen Dienst anrufen. Weil: Ich kann dir nicht helfen, ich bin kein Therapeut, und wenn du mir das erzählst, dann zwingst du mich dazu, so zu reagieren.« Jemand, der sich in so einer Welt, auf so einer Ebene befindet, muss zu verstehen bekommen, dass sein Handeln Folgen hat.

Eric: Das Thema Suizid begleitet mich leider schon mein ganzes Leben, und ich müsste lügen, würde ich behaupten, mich von Anfang an angemessen darum gekümmert zu haben. Ich musste schon älter als dreißig werden, um mich mit den Fragen von Schuldgefühlen, der Tragweite von Verantwortungen und der Legitimität von Sterbewünschen auseinanderzusetzen.

Gerade die beiden ersten Punkte beschäftigen mich auch in meiner Arbeit mit Angehörigen von Suizidenten. Wie kann man dem Kreislauf von Trauer, oft aber auch Wut auf den Menschen entkommen, der sich das Leben genommen hat? Wie gelingt es, Grenzen zu ziehen, was das eigene Verantwortungsgefühl betrifft? Es geschieht leider noch viel zu häufig, dass gerade bei Eltern der Suizid des Kindes als eigenes Versagen verstanden wird.

Aber gerade für Angehörige gibt es inzwischen zahlreiche gute Hilfsangebote, oft von den Kirchen, längst aber auch von einigen konfessionslosen Trägern. Im Rahmen unserer Arbeit haben wir häufig mit Suiziden oder assistierten Suiziden zu tun, als Team müssen wir deshalb besonders aufpassen, wie wir damit umgehen und uns selbst schützen.

Über Depressionen und Selbstmord

Ich finde, dass es bei schweren Krankheiten grundsätzlich das Recht geben sollte, in einem geschützten Rahmen Unterstützung für assistierten Suizid zu finden. Als Schutz und Begleitung für die oder den, die/der es vorhat, und für das Umfeld aus Angehörigen und Freunden.

Unter einem assistierten Suizid versteht man die »Beihilfe zur Selbsttötung«. Der Sterbewillige nimmt selbstständig eine Substanz zur Selbsttötung ein. Eine andere Person, das heißt ein Angehöriger oder nahestehender Mensch, ein Arzt oder Sterbehelfer, hat hierzu einen Beitrag geleistet, zum Beispiel die tödliche Substanz zur Verfügung gestellt.

In Deutschland ist die Selbsttötung nicht strafbar, also auch die Beihilfe zur Selbsttötung nicht. Dies hat das Bundesverfassungsgericht mit Urteil vom 26. Februar 2020 ausdrücklich bestätigt und das strafrechtliche Verbot geschäftsmäßiger Suizidassistenz für verfassungswidrig erklärt. Aktuell wird in Politik und Gesellschaft über den sich aus dem Urteil ergebenden gesetzgeberischen Handlungsbedarf diskutiert.

In der Schweiz ist die Suizidhilfe nur strafbar, wenn selbstsüchtige Motive vorliegen. Deshalb haben sich mehrere Sterbehilfeorganisationen etabliert, die ihren Mitgliedern dort zum Suizid verhelfen. Teilweise können auch ausländische Sterbewillige Suizidbeihilfe erhalten. In den Niederlanden, Belgien und Luxemburg ist die ärztliche Suizidbeihilfe unter Einhaltung bestimmter Kriterien wie dem freiwilligen Verlangen nach Tötung,

aussichtslosem Krankheitszustand und der Bestätigung durch einen zweiten Arzt straffrei. Gesetzlich ausdrücklich erlaubt ist die Suizidbeihilfe in den US-Bundesstaaten Oregon und Washington.
(Quelle: www.stiftung-patientenschutz.de/themen/assistierter-suizid)

Ich habe selbst ambivalente Reaktionen auf den Suizid eines mir nahestehenden Menschen erlebt. Nicht nur Trauer, sondern auch Wut.

Kolja: Irgendwie kommt da alles an Emotionen hoch. Ich erinnere mich an die Momente, die Tobi eben beschrieben hat. Teilweise saßen wir auch zusammen und haben uns kaputtgelacht. Ich bin kurz nach Jakobs Tod mit einer engen Freundin von ihm ins Kino gegangen. Aber was soll man auch machen, irgendwann sind die Augen leer geweint.

In meiner Arbeit ist es mir ein wichtiges Anliegen, dass Trauer nicht immer stringent sein muss. Als einer meiner besten Freunde sehr früh an Krebs starb, bin ich vier Tage später mit seiner Freundin in Berlin unterwegs gewesen. Wir mussten wegen irgendeiner Sache anfangen zu lachen, und mittendrin klingelte ihr Telefon, ein Familienmitglied rief an. Und sofort ging ihre Stimmlage wieder zurück in den Trauermodus. Das habe ich nicht vergessen. Erstaunlich, wie vorauseilend wir manchmal trauern.

Tobias: Deswegen habe ich das eben auch so vorsichtig formuliert. Ich habe mich nach Jakobs Tod dabei ertappt, wie ich mir bestimmte Emotionen verbieten wollte, weil ich dachte, dass die nicht angemessen sind. Was totaler Nonsens ist. Ich erinnere mich daran, wie ich bei der Trauerfeier die kleine Kapelle kurzzeitig verlassen musste, weil ich wütend geworden war und mir dachte, dass das jetzt nicht der richtige Ort und der richtige Zeitpunkt für Wut sein konnte.

Vielleicht liegt es daran, dass mein Team recht jung ist, aber wir begleiten prozentual gesehen ziemlich viele Suizide. Und eine der ersten Sachen, um die ich mich dabei kümmere, ist es, die Wut der Hinterbliebenen anzupicken. Denn wenn man sich dabei nur auf die Trauer konzentriert, kommt die Wut irgendwann wie ein großer Bumerang auf dich zu. Menschen, die Suizid begehen, gestalten den Freitod nicht selten als Inszenierung. Das finde ich auf gewisse Art und Weise perfide, da darf man auch mal wütend sein. Hier unterscheiden sich übrigens nicht selten Männer und Frauen. Während Frauen ihren Abschied oft deutlich sauberer vorbereiten, noch darauf hinweisen, dass der Firmenschlüssel abgegeben werden muss, sind Suizidopfer, die in den Innenhof ihres Arbeitgebers springen, in der Regel Männer, die noch eine Botschaft senden wollen.

Tobias: Wir haben uns nie detailliert zu den Hintergründen von Jakobs Suizid geäußert, und das werden wir auch weiterhin nicht tun. Aber was ich sagen kann, ist, dass das, was du gerade beschrieben hast, auf ihn nicht zutrifft.

Habt ihr Pläne, was passieren soll, wenn ihr sterben solltet?

Kolja: Ich habe auf jeden Fall gar keinen Bock, noch mal so eine Scheiße zu erleben. Die Zeit nach Jakobs Tod hat sich sehr lange hingezogen, inklusive Veröffentlichung des Albums und so weiter. Und die Vorstellung, dass Tobi oder Daniel etwas zustößt und das Ganze noch einmal von vorne losgeht, ist für mich unmöglich. Es klingt bescheuert, aber es käme mir fast schon lächerlich vor, wenn jetzt noch einer von uns früh sterben würde und wir die Reaktion darauf einfach wiederholen.

Tobias: Ich ertappe mich oft bei dem gleichen Gedanken. Wie sollte man das erzählen, wenn jetzt noch einer aus der Antilopen Gang stirbt, wo wir das Thema nach Jakobs Suizid schon so intensiv behandelt haben? Sollte der Fall eintreten, würde ich vermutlich jegliche Kommunikation einstellen. Zumal das wahrscheinlich Tür und Tor für irgendwelche Idioten öffnen würden, die das zum Anlass nehmen, um sich über uns lustig zu machen. Nach dem Motto: Haha, die Band mit den zwei Toten …

Mich würde tatsächlich eher interessieren, wie ihr über euren eigenen Tod denkt, ob ihr eine Vorstellung davon habt, wie ihr zum Beispiel bestattet werden wollt.

Tobias: Ich habe mal mit meinen Eltern über meine Beerdigung gesprochen.

Und was hast du ihnen gesagt?

Tobias: Dass ich auf kitschige Marmorgrabsteine oder Kreuze gerne verzichten kann, ebenso auf klassische Tränendrüsenmusik oder den ganzen Kirchenkram. Daraus hat sich eine interessante Diskussion ergeben. Meine Eltern haben mich darauf hingewiesen, dass ich meine Gedanken dazu selbstverständlich äußern dürfe, allerdings bei meiner Trauerfeier bekanntlich schon nicht mehr da sein werde und die Veranstaltung dann für die Hinterbliebenen gedacht ist. Da hatten sie nicht unrecht. Meine Eltern haben nämlich einen Bezug zur Kirche, also denke ich mir, dass sie meine Beerdigung dann auch gerne kirchlich begleiten lassen sollen, wenn es ihnen hilft. Zumindest sind wir uns einig, dass der Grabstein nicht kacke aussehen soll und die Inschrift eine coole Typografie bekommt.

Wir hatten vor Kurzem den Fall eines älteren Herrn, der sich in den Wochen vor seinem Tod gewünscht hat, dass niemand zu seiner Trauerfeier erscheinen darf. Tatsächlich haben sich alle daran gehalten – und leiden bis heute darunter. Wie ist es bei dir, Kolja? Hast du dir schon Gedanken gemacht?

Kolja: Mir ist es egal, weil ich dann tot sein werde und mein Umfeld den Ablauf bestimmen sollte. Ich schätze die so ein, dass sie dann eine Trauerfeier organisieren würden, mit der ich auch zufrieden wäre. Ich brauche das nicht. Ich besuche zum Beispiel so gut wie nie Jakobs Grab. Mir sind Grabsteine egal. Ich bräuchte nicht mal einen. Wenn ich tot bin, bin ich tot. Dann ist mir alles egal.

Eric: Spannend, dass Kolja das so klar ausspricht. Eines der größten Konfliktfelder in meiner Arbeit ist: Was wünschen sich die Menschen, die versterben? Und was brauchen die Menschen, die trauern? Wo behindern sich diese Wünsche gegebenenfalls, und was ist am Ende wichtiger: der Wunsch des Verstorbenen oder der der Hinterbliebenen?

Ich neige inzwischen dazu, die Wünsche der Verstorbenen eher als Rahmen zu verstehen – wenn sie nicht sehr konkret geäußert wurden. Häufig erleben wir das bei Menschen aus der (Nach-)Kriegsgeneration, die sich aus mangelndem Selbstwertgefühl, falsch eingeschätztem Interesse von Freunden und Familienmitgliedern oder aus

Sparsamkeit eine sehr bescheidene Bestattung wünschen, was dann oft im deutlichen Gegensatz zu den Vorstellungen der Angehörigen steht. Bitte so wenig Aufwand wie möglich – und am Ende fragen sich Enkelkinder und Freunde, warum sie keine Grabstelle als Ort zum Trauern haben.

Weil über solche Themen leider zu wenig gesprochen wird, entstehen in der Trauer Reibungen. Und Fragen. Darf ich eigene Wünsche äußern, die im Gegensatz zu dem stehen, was sich der oder die Verstorbene vorgestellt hat? Als Atheist bin ich bei Kolja. Natürlich hat der verstorbene Mensch Rechte, doch nach dem Tod eines Menschen stehen für mich die Bedürfnisse der Trauernden im Mittelpunkt.

Gleichzeitig hinterlasst ihr aber auch ein künstlerisches Erbe. Wenn zum Beispiel ein Album in der Mache ist und einer von euch sterben sollte – dürfte das dann nach eurem Tod veröffentlicht werden?

Kolja: Wenn es – ähnlich wie bei Jakob – ein fast komplett fertiges Album geben würde, dürfte das natürlich veröffentlicht werden. Was ich nicht möchte, ist, dass man aus irgendwelchen Resten, die ich aus gutem Grund nie veröffentlicht habe, posthum was zusammenbastelt. Wobei: Wenn sie es machen wollen, sollen sie es machen. Das ist dann nicht mehr meine Entscheidung.

Ich finde die Frage schon sehr spannend, inwieweit die Kunst von Künstlerinnen und Künstlern nach ihrem Tod noch weitergeführt werden darf.

Kolja: Es ist sehr tröstlich, dass man diese Kunst auch nach dem Tod seines Schöpfers weiterhin genießen kann. Jakob ist nicht mehr da, aber ich kann jederzeit sein letztes Album hören. Das ist ein Privileg, das andere nicht haben.

Wenn ihr euch wünschen könntet, wer bei eurer Beerdigung auftritt – wer wäre das?

Kolja: Bei mir vermutlich Die Toten Hosen. Das ist die Band meines Lebens, und inzwischen kenne ich die Mitglieder auch. Irgendeine andere Band würde vermutlich keinen Sinn machen.

Und bei dir, Tobi?

Tobias: Ich bin zwar großer Fan von bestimmten Bands, aber die würden nicht zu meiner Beerdigung passen. Ich fände es, glaube ich, ganz nett, wenn meine eigene hinterbliebene Band etwas spielen würde.

Kolja: Schauen wir mal, wer zuerst stirbt.

Tobias: Aber auch da gilt: Die Trauernden stehen im Fokus, nicht ich. Für mein eigenes Pathos fände ich das allerdings ganz passend.

Kolja: Ich würde es machen. Versprochen.

Neben Kolja Podkowik (aka Koljah) und Tobias Pongratz (aka Panik Panzer) gehört auch Daniel Pongratz (aka Danger Dan) zur Antilopen Gang. *Offiziell gegründet 2009, damals noch gemeinsam mit Jakob Wich (aka NMZS), veröffentlichte die Band zum Jahreswechsel 2009/10 ihr erstes Album* Spastik Desaster *als kostenfreien Download. Erstmals bekannt wurde die Antilopen Gang mit dem Internethit »Fick die Uni«. Im März 2013 nahm sich Bandmitglied Jakob Wich das Leben. In den Jahren nach dem Tod ihres Freundes etablierten sich die Musiker auf dem deutschen Markt und eckten immer wieder mit politischen und sozialkritischen Texten an. Die Mitglieder sind auch als Solokünstler unterwegs. Als erster Musiker überhaupt belegte Danger Dan im Dezember 2021 zeitgleich die Plätze eins bis drei der Radio-Eins-Jahrescharts.*

Die Rechtsmedizinerin **Josephine Janke** über Pathologie

»Ich arbeite investigativ und kriminalistisch, aber mit einer Hülle aus Fleisch und Knochen.«

Über den Geruch an ihrem Arbeitsplatz lässt sich streiten, doch die Bedeutung ihrer Tätigkeit ist unumstritten: Josephine Janke ist Rechtsmedizinerin in Berlin und dort nicht nur für staatsanwaltschaftliche Obduktionen zuständig. Ihre Untersuchungen und Begutachtungen von Tätern und Opfern von Gewaltverbrechen sind oft eine entscheidende Hilfe in der juristischen Aufklärung. Im Gespräch mit Eric spricht sie über fäulnisveränderte Zustände, komplizierte Kausalketten, geöffnete Körperhöhlen und Konflikte mit Anwälten vor Gericht.

Eric Wrede: Bei deinem Job denke ich immer an die wichtigen Menschen, die bei *CSI Miami* mit der DNA-Analyse auftauchen. Bitte erklär mir und den Lesenden, was eine Rechtsmedizinerin ist.

Josephine Janke: Ich würde gerne behaupten, irgendwas mit *CSI* zu tun zu haben, aber das ist leider nicht der Fall. Ich habe ganz normal Medizin studiert, wurde approbiert und musste mich dann für eine Fachrichtung entscheiden. Was in meinem Fall die Rechtsmedizin war.

Warst du dir darüber von Anfang an klar?

Nein. Viele meiner Kommilitonen wussten schon im ersten Semester, dass sie Kinderärztin werden oder in der Chirurgie arbeiten wollten. Bei mir hat sich die Entscheidung für die Rechtsmedizin erst im Laufe der Zeit entwickelt. Die Fachrichtung bietet so viele Möglichkeiten. Während eines Praktikums lernte ich einen Professor kennen, der mit seiner inspirierenden Art den Ausschlag gab.

Was genau macht eine Rechtsmedizinerin? Und was ist der Unterschied zur Pathologie?

Einfach gesagt: Die Rechtsmedizin ist dafür da, Fremdverschulden auszuschließen. Die Pathologen klären Todesursachen klinisch auf. Zum Beispiel wenn eine junge Person ohne Hinweis auf Fremdverschulden im Krankenhaus verstirbt. Wir obduzieren staatsanwaltschaftlich angeordnet, die Pathologie macht wissenschaftliche Obduktionen und will herausfinden, warum jemand gestorben ist.

Ihr seid der verlängerte medizinische Arm der Polizei und Staatsanwaltschaft?

Genau.

Als Bestatter fahre ich bei euch mit meinem Wagen vor, hole Papiere ab, vielleicht noch einen Ring oder Schlüssel, gehe in den Kühlraum, da werden mir die Verstorbenen in den Sarg gelegt, und dann fahre ich wieder. Mehr bekomme ich nicht zu sehen. Wo genau ist dein Tätigkeitsbereich?

Ich habe nicht nur einen Arbeitsplatz, sondern gleich mehrere, die auf dem riesigen Gelände voller schöner Backsteinhäuser verteilt sind, wo früher mal das alte Krankenhaus Moabit angesiedelt war. Links neben der Leichenannahmestelle schließt sich der Obduktionssaal an, dort bin ich vorrangig tätig. Ein großer Saal mit fünf Obduktionstischen, wo meine Kollegen und ich nebeneinander arbeiten.

Wie muss man sich euer Miteinander vorstellen?

Es kommt schon mal vor, dass man sich gegenseitig an die Tische ruft und besondere Entdeckungen zeigt. Ich habe einige ältere Kollegen, die trotz ihrer jahrelangen Erfahrung regelmäßig ganz neue Beobachtungen machen. Auch das ist sehr aufregend an diesem Job. Ein Nachteil: Unsere Arbeit beginnt wahnsinnig früh. Das verstehe ich bis heute nicht.

Eric: Wenn die Staatsanwaltschaft nach den Untersuchungen der Polizei eine Obduktion veranlasst, bringt das die Angehörigen neben ihrem eigentlichen Verlust in eine zusätzlich verschärfte Situation. Ein unerwarteter oder sehr früher Tod, ein Suizid, Unfall, unklare Todesursachen – alles Faktoren, die den Trauerprozess erschweren können. Dazu kommt, dass Trauernden der Besuch des Verstorbenen verwehrt bleibt, oft auch der Zugang zur Wohnung.

Immer wieder wird unterschätzt, wie wichtig eine klare Todesursache im Rahmen des Trauerprozesses ist. Selbst eine Obduktion kann diese Klarheit nicht immer bringen. Wie es Josephine beschreibt: Die Aufgabe der Pathologen besteht darin herauszufinden, ob es ein Fremdverschulden gab oder nicht. Das verstehen Angehörige oft nicht, auch weil sie durch Krimis oder Filme in dieser Hinsicht ganz andere Vorstellungen entwickelt haben. Dort taucht meistens ein kluger Mediziner auf und formuliert eine klare Todesursache – Fall gelöst.

Umso wichtiger ist es, den Angehörigen Optionen aufzuzeigen, sich wirklich Klarheit zu verschaffen. Als Bestatter müssen wir dabei berücksichtigen, was den Angehörigen zumutbar ist. Soll man die Narben einer Obduktion erkennen können, um einen sichtbaren Beweis für die Untersuchungen zu haben? Oder versuchen wir, das durch Kleidung und Schminke zu überdecken?

Dabei kommt es stark auf Josephine und ihre Kolleginnen und Kollegen an. Je besser sie ihren Job machen, desto leichter wird unsere Arbeit. Gerade wenn sich Angehörige eine Aufbahrung wünschen, geben sich die zuständigen Mediziner viel Mühe, Körper wieder sauber zu schließen und Wunden zu vernähen.

Das bedeutet also für alle, die gerne Krimis schauen und sich überlegt haben, Rechtsmediziner zu werden …

… Denkt noch einmal gut darüber nach, wenn ihr keine Frühaufsteher seid! Jedenfalls in Berlin.

Und dann noch der besondere Geruch. Bei einer meiner allerersten Aufgaben als Bestatter in Berlin musste ich einen Verstorbenen aus der Berliner Gerichtsmedizin abholen. Mitten im Hochsommer. Ich sage es, wie es ist: Da hat es ganz schön gemüffelt.

Du darfst das Kind ruhig beim Namen nennen: Es stinkt. Die Leichen, die bei uns auf den Tischen liegen, sind häufig schon in einem weit fortgeschrittenen fäulnisveränderten Zustand. Selbst wenn sich am Ende herausstellt, dass keine Fremdschuld für den Tod vorlag. Bei einem Körper, der vier Monate unentdeckt in einer Wohnung lag, kann man die Todesursache nicht so ohne Weiteres feststellen.

Das Thema Geruch und Ekel kommt oft in Gesprächen mit Freunden über meine Arbeit vor. Da muss ich immer wieder sagen: Ich mache das, aber gut finde ich das nicht.

Über Pathologie

Das geht mir genauso. Natürlich mag ich den Geruch nicht und kann mich auch nicht daran gewöhnen. Ich muss mich täglich daran erinnern, warum ich dieser Arbeit nachgehe, wenn ich einen fäulnisveränderten Leichnam obduziere.

Eric: Unmittelbar nach dem Tod beginnt sich der menschliche Körper zu verändern. Bereits nach kurzer Zeit tritt die Leichenstarre ein, die allerdings nach einigen Tagen wieder komplett verschwindet. Dann fängt der Körper an, sich zu zersetzen. Tatsächlich sieht man dem Leichnam die beginnende Veränderung kaum an. Ausnahmen durch starke Medikamente oder Rauschmittelmissbrauch gibt es, aber die sind selten.

Allerdings können auch wir keine Wunder vollbringen, wenn ein Körper seit Tagen oder Wochen in einer aufgeheizten Wohnung gelegen hat. Trotzdem schaffen wir es sogar in Extremfällen, einen menschenwürdigen Zustand herzustellen. Für uns bedeutet das, dass der Körper zumindest sauber eingekleidet ist.

Besonders bei Unfällen, wo wir es für den Trauerprozess als wichtig erachten, dass die Angehörigen erkennen und verstehen, was mit dem oder der Verstorbenen passiert ist, holen wir uns Hilfe von Thanalogen, eine Berufsgruppe, die sich darauf spezialisiert hat, selbst entstellte Körper wieder so herzurichten, dass ein Abschied am Leichnam möglich ist. Allerdings geschieht das nur in Ausnahmefällen.

Viele Familien, die wir betreuen, reagieren mit einem großen Unverständnis darauf, wenn verstorbene Angehörige von der Gerichtsmedizin beschlagnahmt werden. Wie genau läuft das eigentlich ab? Was muss passiert sein, dass ich zunächst auf deinem Tisch liege und noch nicht bestattet werden darf?

Ich stelle zunächst deinen Tod fest. Und dann habe ich die Möglichkeit, auf dem dazugehörigen Leichenschauschein ein entsprechendes Kreuz zu machen: natürliche Todesursache, nicht natürliche Todesursache oder Todesursache ungewiss. Das ist dann die Schnittstelle, bei der die Polizei entweder dazu geholt wird oder nicht. Zum Beispiel: Als dein Hausarzt, der deine lange Krankheitsvorgeschichte kennt, stelle ich deinen Tod fest und lege mich auf einen Herzinfarkt fest. Natürliche Todesursache. Wenn du jetzt aber da liegen würdest – jung, fit, tot –, müsste ich ankreuzen: Ich weiß es nicht. Es ist ungewiss, woran du gestorben bist, und die Todesursache ist in deinem Fall unklar.

Hätte ich allerdings ein Beil im Schädel stecken ...

... würde ich vermutlich noch einmal anders entscheiden, ja. Nicht natürlich heißt zunächst auch einmal nur, dass keine Grunderkrankung als solche den Tod verursacht hat. Das Beil im Kopf gehört auch in die Kategorie, aber in den meisten Fällen sind nicht natürliche Todesursachen Verkehrsunfälle beziehungsweise generell Unfälle, Suizide jeglicher Art, ärztliche Kunstfehler – es gibt eine ganze Reihe von diesen nicht natürlichen Todesarten.

Viele Angehörige können es nur schwer verstehen, wenn bei Opa, der sich nach einem Sturz zu Hause einen Krankenhauskeim eingefangen hat und daran gestorben ist – wo also eine Kausalkette vorhanden ist –, eine nicht natürliche Todesursache angegeben wird und deshalb eine Untersuchung stattfinden muss.

Da geht es zum einen um die Klärung des Falls an sich. Allein aus Sorgfaltspflicht fragt man sich, wenn jemand gestürzt

Über Pathologie

ist, ob es nicht natürlich passiert ist, weil er aufgrund des Sturzgeschehens sterben kann. Da muss kein Fremdverschulden vorliegen, so ein Sturz im Alter ist sehr häufig der Grund, warum ein Mensch ins Krankenhaus eingeliefert wird. Nun fängt sich der Gestürzte einen Keim oder eine Lungenentzündung ein und verstirbt. Eigentlich doch ein natürlicher Tod. Aber: Den Keim oder die Lungenentzündung hätte es ohne den Sturz nicht gegeben.

2022 starben in Deutschland rund 1,07 Millionen Menschen. Die häufigste Todesursache (358 219 Tote) war eine Erkrankung des Herzkreislaufsystems, an zweiter Stelle standen Neubildungen (vor allem Krebs) mit 239 948 Sterbefällen. 534 008 verstorbenen Frauen standen 532 333 Männer gegenüber, knapp 41 Prozent waren zum Zeitpunkt ihres Todes über 85 Jahre alt. Das durchschnittliche Sterbealter (79,67 Jahre) hat sich in den vergangenen fünfzig Jahren in Deutschland um etwa zehn Jahre erhöht. Mit einer Sterberate von 12,7 je tausend Einwohner liegt Deutschland im EU-Vergleich im Mittelfeld.

Ein Team um den Rostocker Gerichtsmediziner Dr. Fred Zack hat 10 000 Todesbescheinigungen aus dem Einzugsgebiet des Krematoriums Rostock zwischen 2012 und 2015 ausgewertet und dabei festgestellt, dass 27 Prozent aller Totenscheine mindestens einen schwerwiegenden Fehler aufgewiesen haben. Insgesamt wurden 3116 schwerwiegende und 35 736 leichte Fehler festgestellt. Dr. Zack hat deshalb gefordert, deutlich mehr Sektionen vorzunehmen. Das deckt sich mit der Forderung des Marburger Bundes, der möchte, dass jeder zehnte Tote in Deutschland obduziert werden sollte, um die Todesursachenstatistik nachhaltig zu verbessern.

Prof. Dr. Burkhard Madea vom Institut für Rechtsmedizin in Bonn fordert sogar, dass zwanzig bis dreißig Prozent aller Verstorbenen obduziert werden sollten. Gegenwärtig würde nur bei rund zwei Prozent der Toten eine gerichtlich veranlasste Leichenöffnung vorgenommen, bei ein bis drei Prozent eine klinische Obduktion.

Wie unterschiedlich dieses Thema in anderen Ländern gehandhabt wird, zeigen die Zahlen aus England und Wales. Von den zusammen rund 520 000 Todesfällen pro Jahr wird circa die Hälfte einem spezialisierten Juristen gemeldet, dem Coroner. Fünfzig Prozent davon werden tatsächlich auch obduziert, die Coroner halten sich dabei nah an einen festen Indikationskatalog.

Einer der Gründe für die geringe Obduktionsrate in Deutschland könnte sein, dass Leichenöffnungen nicht extra bezahlt werden, sondern die rund tausend Euro pro Fall von dem Geld finanziert werden müssen, dass die Krankenkassen für die Behandlung des noch lebenden Patienten bezahlt haben.

Experten wie Professor Madea schätzen, dass die eigentlichen Todesursachen oft unentdeckt bleiben. In rund zehn Prozent aller Fälle ermittelt eine Autopsie eine andere Todesursache, als Klinikärzte vermutet haben.

Würden manche Diagnosen noch zu Lebzeiten rechtzeitig erkannt werden, könnte das Leben der Patienten zumindest zeitweilig verlängert werden.

Genauere Obduktionsergebnisse wären enorm wichtig für eine angemessene Patientenversorgung, zum Beispiel durch die Schaffung eines nationalen Mortalitätsregisters. Das würde nicht nur die Todesursache berücksichtigen, sondern auch den Verlauf der tödlichen Krankheit, was wiederum hilfreich für die Forschung und langfristig für die Gesundheitsversorgung wäre.

Mit der Trennschärfe finde ich es bei diesen Kausalketten immer etwas schwierig. Beispiel Raucher: jahrelanger Tabakkonsum und dann am Lungenkarzinom verstorben. Aber bleiben wir bei deiner Hauptfrage als Rechtsmedizinerin. Die lautet?

Kann ich ein Fremdverschulden ausschließen, ja oder nein. Danach geht es um die Todesart: Lag ein nicht natürlicher Tod vor oder nicht. Rein statistisch ist es so, dass die wenigsten Fälle Tötungsdelikte oder nicht natürliche Todesarten sind. Wir obduzieren in Deutschland nur etwa zwei bis drei Prozent aller Verstorbenen. Und bei den meisten stellen wir dann fest, dass sie eines natürlichen Todes gestorben sind. Häufig handelt es sich um fäulnisveränderte Verstorbene oder Fälle, bei denen einfach nicht richtig klar ist, was eigentlich passiert ist. Zum Beispiel wenn jemand mitten auf der Straße kollabiert ist. Wir hören aber auch nicht einfach auf, nur weil die Obduktion keinerlei Hinweise erbracht hat, ob ein Fremdverschulden vorlag, sondern wollen der Ursache auf den Grund gehen.

Josephine Janke

Meiner Erfahrung nach bekommen die Angehörigen in den meisten Fällen nicht mitgeteilt, wann genau der oder die Tote verstorben ist und auch nicht woran. Oft wird der ursprünglich vermutete Herzinfarkt lediglich bestätigt.

Wir versuchen, das aus pathologischer Sicht schon zu klären. Bleiben wir beim Beispiel Herzinfarkt: Wenn da, gerade bei jungen Menschen, die Gefäße nicht verkalkt sind, aber trotzdem ein Herzinfarkt vorliegt, wollen wir herausfinden, was den Infarkt verursacht haben kann. Dass die Obduktion als solche bei jüngeren Verstorbenen oftmals keine maßgeblichen Befunde aufweist, liegt auch daran, dass eine der häufigsten Todesursachen noch immer die Medikamenten- oder Drogenintoxikation ist, also die Vergiftung mit Substanzen. Und die erbringt in der Obduktion keine Befunde.

Stimmt es, dass nach einem festgestellten Todesfall zunächst die Polizei ermittelt und anschließend eine Empfehlung gibt, ob eine Obduktion angebracht ist oder nicht?

Genau, die Staatsanwaltschaft schaut sich die gesammelten Informationen und Unterlagen an und trifft dann eine Entscheidung. Und wenn die Obduktion angeordnet ist, kann das auch nicht mehr rückgängig gemacht werden, weder von den Angehörigen noch von sonst irgendwem.

Eric: Die Verzögerungen von Bestattungen sowie der Eingriff in den Körper bedeutet für die Angehörigen jedes Mal eine große psychische Belastung. Das gilt besonders für Angehörige von Religionsgemeinschaften, bei denen eine möglichst schnelle Beisetzung beziehungsweise Rituale mit und am Körper vorgesehen sind. Selbst wenn die

Über Pathologie

Obduktion schnell vonstattengeht, dauert der Prozess mindestens zwei bis drei Tage, oft aber auch eine Woche. Dazu kommen die Befragungen durch die Polizei. Diesen Umständen sollte man sich vorab zumindest bewusst sein.

Es ist ein großes Problem für Angehörige, wenn sie in der Zeit der Beschlagnahmung nicht an die Körper der Verstorbenen herandürfen. Ich erinnere mich an die Opfer des Anschlags am Breitscheidplatz, selbst da wurden alle Toten obduziert. Warum wird jemand, der von einem Terroristen überfahren wird, noch rechtsmedizinisch untersucht?

Zunächst einmal handelte es sich dabei um eine Straftat. Die gilt es aufzuklären, und dafür braucht es jeden Hinweis. Sämtliches Dazutun von außen könnte die Ermittlungen erschweren. Dabei gibt es feste Regeln – wie die Beschlagnahmung der Leichen. Im Falle des Anschlags am Breitscheidplatz wurden die Verstorbenen auch deshalb obduziert, um anhand der Verletzungsmuster mitzuhelfen, die Tat zu rekonstruieren. Deckt sich das mit den zum Teil sehr diffusen Zeugenaussagen, oder bringt es neue Erkenntnisse? Aber ich kann verstehen, dass die starren Strukturen für Angehörige ein Problem darstellen. Es wäre aus unserer Sicht auch sehr schwierig, die Hinterbliebenen ins Institut einzuladen, weil unser Arbeitsablauf sehr eng getaktet ist.

Gibt es klare Vorgaben von der Staatsanwaltschaft für eure tägliche Arbeit, oder wie muss man sich das vorstellen?

Die Obduktion selbst ist sehr standardisiert. Alle drei Körperhöhlen – Kopf, Brust und Bauch – werden von uns immer aufgemacht. Egal, ob ich eine Hirnblutung feststellen würde, einen Herzinfarkt oder gar nichts von beidem. Meine Informationen vor der Obduktion bekomme ich in der Ermittlungsakte, die mal mehr, mal weniger ausführlich sind. Und wenn ich dort erfahre, dass der Verstorbene möglicherweise eine Drogenvergangenheit hat, dann weiß ich schon mal, dass ich auf jeden Fall Dinge zurückbehalten müsste, die für eine toxikologische Untersuchung geeignet wären.

Gehen wir mal ins Detail. Die Schädeldecke wird geöffnet. Was genau passiert da?

Erst mal muss man die Kopfschwarte beiseitenehmen. Dafür wird ein Schnitt von Ohr zu Ohr gesetzt, wie ein Haarreif. Dann wird die Kopfschwarte nach vorne gezogen in Richtung Gesicht und die Hinterkopfschwarte ein Stück nach hinten. Dabei geht es zum einen darum, an den Schädel selbst heranzukommen, zum anderen darum, die Kopfschwarte auf Verletzungen zu untersuchen, zum Beispiel Einblutungen durch Platzwunden. Anschließend wird ein kreisrunder Schnitt mit einer Säge angesetzt, um den Blick auf das Gehirn zu bekommen.

Und was kannst du am Gehirn erkennen?

Zum Beispiel, ob es irgendwelche Gewalteinwirkungen gab. Einblutungen oder Blutauflagerungen könnten auf einen Sturz oder einen Schlag hindeuten, irgendwas, was von außen eingewirkt hat. So wie man sämtliche Organe aus dem Körper herausnimmt, wird auch das Gehirn entfernt und zerschnitten. Das kann man sich so vorstellen wie die Schnittbilder im CT, also kleine Scheiben. Alle Organe untersuche ich makroskopisch, das heißt mit bloßem Auge. Und wenn ich einen Verdacht auf eine Erkrankung habe, die ich nicht mit bloßem Auge erkennen kann, schneide ich erneut Stücke ab und lege die unter das Mikroskop.

Hebt ihr diese Stücke auf?
Nein, die kommen zurück zum Leichnam. Es mag sehr befremdlich sein für viele Menschen, dass wir die Körper öffnen, aber es ist ganz wichtig zu erwähnen, dass wir alles wieder zurücktun. Lediglich das Gehirn kommt aufgrund seiner Konsistenz nicht an seinen alten Platz zurück, sondern in die Brusthöhle, direkt zum Herzen.

Was genau macht ihr mit der Brusthöhle?
Die wird schichtweise präpariert, das heißt, die Haut kommt ab, um sich Unterhautfettgewebe und Muskulatur anzuschauen. Anschließend wird der Brustkorb von vorne geöffnet. Das Brustbein kommt raus, so habe ich einen Blick auf die Brusthöhle, dort, wo das Herz und die Lunge liegen. Die Organpakete werden entnommen und erneut präpariert.

Wird das mit jedem Organ gemacht?
Ja. Auch mit dem Darm. Wenn ich den aufschneide, frage ich mich jedes Mal, wo ich falsch abgebogen bin in meinem Leben. Aber das gehört dazu. Genauso wie die Prostata und die Hoden beim Mann und die inneren Geschlechtsorgane der Frau. In der Rechtsmedizin gehört auch der Hals dazu. Das gesamte Halspaket mit Zunge wird herausgenommen. Hintergrund ist wieder der, ob gegebenenfalls ein Fremdverschulden vorlag. Gab es eventuell einen Angriff gegen den Hals, den man von außen nicht erkennen konnte?

Die Zunge? Ist mir bislang noch nie aufgefallen.
Dann musst du beim nächsten Mal genauer hinschauen.

Das alles klingt nach sehr viel Arbeit. Wie viele Menschen obduzierst du am Tag?
Pro Arzt und Tag ein Leichnam. Allerdings gibt es noch deut-

lich aufwendigere Obduktionen, bei denen wir auch die Extremitäten, also Arme und Beine, sowie den Rücken aufmachen. Das ist bei Tötungsdelikten der Fall, aber auch bei Verkehrsunfällen. Gab es zum Beispiel eine Anfahrtsstelle am Fuß, Prellmarken, die auf einen ersten Zusammenstoß hinweisen und dabei helfen können, den Unfallhergang zu rekonstruieren?

Wie sehr lässt du die einzelnen Schicksale an dich heran?

Ich versuche, die Fälle objektiv zu betrachten. Die- oder derjenige, die/der da vor mir liegt, ist für mich eine Hülle, die aufgemacht wird. Es ist eine wissenschaftliche Arbeit, eine anatomische Tätigkeit. Ich arbeite investigativ und kriminalistisch, aber mit einer Hülle aus Fleisch und Knochen. Der Mensch, der einst in dieser Hülle existierte, ist nicht mehr da.

Bekommst du denn mit, welche Folgen und Auswirkungen deine Arbeit möglicherweise hat? Beispielsweise das richterliche Urteil, nachdem du Hinweise auf eine gewaltsame Fremdeinwirkung entdeckt hast?

Bei Tötungs- und Morddelikten ja, weil ich dort als Sachverständige vor Gericht bin und mindestens Teile des Verfahrens mitbekomme. In anderen Fällen kriege ich nichts mit, lediglich die Vorgeschichte über die Ermittlungsunterlagen. Das finde ich okay. Ich habe mich auch deshalb für die Rechtsmedizin und gegen die Arbeit im Krankenhaus entschieden, weil ich das Leid der Menschen nicht aushalten konnte. Die Fälle in meiner jetzigen täglichen Arbeit sind dagegen viel abstrakter für mich. Und damit besser aushaltbar.

Kennst du die Namen der Verstorbenen?

Ja. Aber entscheidend ist, dass ich – im Gegensatz zu dir – nichts vom Umfeld der Toten mitbekomme.

Über Pathologie

Ich glaube, jeder, der sich in diesem Feld bewegt, entwickelt Techniken, um sich zu schützen oder abzugrenzen. Ich denke mir jedes Mal: Sinn und Zweck meines Jobs ist es, Menschen zu helfen. Daran denke ich ganz besonders dann, wenn es grenzwertig wird. Ich und kalter Kot werden zum Beispiel nie Freunde werden. Andere kommen damit besser klar.

Da denken wir ähnlich. Meine Kollegen und ich möchten einfach herausfinden, warum jemand gestorben ist. Weil es für die Hinterbliebenen wichtig ist, diese Information zu bekommen. Neben den Straftaten, bei denen man mithelfen kann, sie aufzuklären.

Eric: Alle Bestatter und Trauerbegleiter, die ich kenne, haben eigene Techniken entwickelt, mit der Trauer und den Erlebnissen bei der Arbeit umzugehen. In unserem Team gibt es zwei zentrale Regeln. Erstens: Wir reden über alles! Zweitens: Wir sprechen über unsere Grenzen!

Seit ich Vater bin, begleite ich keine Familien mehr, die ein Kind im Alter meiner Tochter verloren haben. Und nicht jeder bei uns fühlt sich dauerhaft in der Lage, Angehörige zu begleiten, die jemanden durch Suizid verloren haben.

Es ist interessant zu beobachten, dass wir bei unserer Arbeit niemals abhärten, sondern uns Geschichten weiter berühren – obwohl man sie vielleicht schon mehrfach erlebt und begleitet hat. Es vergeht keine Woche, wo nicht jemand aus unserem Team bei einer Begleitung weinen muss.

Josephine Janke

Spürst du Druck bei deiner Arbeit?
Manche Fälle lasten mehr, manche weniger auf mir. Aber meiner Meinung nach ist die Belastung für die Kolleginnen und Kollegen im Krankenhaus viel größer.
Erinnerst du dich noch daran, wie du das erste Mal im Gericht warst und einen Mörder gesehen hast?
Nicht konkret an das erste Mal. Aber meistens sehen diese Menschen stinknormal aus.
Kommt dir denn ein besonderer Fall in den Sinn?
Nicht unbedingt, aber als Beispiel will ich dir einen Fall nennen, den ich bald vor Gericht begleiten soll. Da geht es um die Lebenduntersuchung einer Frau, die bereits eineinhalb Jahre zurückliegt. Als ich mein Gutachten las, war ich erschrocken. Vieles davon würde ich heute vermutlich anders argumentieren. Aber natürlich darf ich nicht von meiner Einschätzung abweichen. Gleichzeitig weiß ich inzwischen besser, wann und weshalb Fragen von der Verteidigung kommen, zum Beispiel wenn ich mich zu schwammig ausgedrückt habe.
Läuft es dann so ab, wie ich das aus Filmen kenne – dass die Gegenseite versucht, deine Kompetenz infrage zu stellen?
Absolut. Manchmal frage ich mich schon, warum ich hier bin. Als Zeugin? Angeklagte? Sachverständige? Die Grenzen verschwimmen oft. Ein Klassiker der Verteidigung ist die Frage, wie lange man den Job schon macht. Da weiß ich, dass sie mich auf dem Kieker haben. Wenn sie jetzt noch erfahren, dass ich Assistenzärztin bin und keine sechzigjährige Professorin mit mehrfachen Auszeichnungen und zigtausend Fällen auf dem Buckel, wird es ganz schwer. Das Gericht wirkt

manchmal wie ein großes Theater. Aber man gewöhnt sich daran.

Stichwort Lebenduntersuchungen. Um welche Fälle handelt es sich dabei?

Wir werden bei sämtlichen Gewaltdelikten gerufen, die nicht zum Tod geführt haben, aber eben zu einer relevanten, zumeist schweren Körperverletzung.

Wenn es sich um die Untersuchung von Tätern handelt, stelle ich mir das sehr Furcht einflößend vor.

Dabei werden wir zum Glück immer von der Polizei unterstützt. Beispielsweise bei Untersuchungen im Haftkrankenhaus. Wobei die betreffenden Personen in der Regel sehr zugänglich sind und die Hilfe nicht benötigt wird.

Kommunizierst du dabei mit den zu untersuchenden Menschen?

Ja. Was die Arbeit erschweren kann, gerade wenn es sich um Personen handelt, die missbraucht worden sind oder Opfer einer Gewalttat wurden.

Sehr empfehlen kann ich den Instagram-Account des Rechtsmediziners Michael Tsokos – @drtsokos

Zu dem Thema gibt es auch einige interessante Podcasts, anbei eine kleine Übersicht ohne Anspruch auf Vollständigkeit:
- Rechtsmedizin – Dichtung und Wahrheit
- Dem Tod auf der Spur
- True Crime – Lifehacks
- Die Zeichen des Todes
- Klenk + Reiter

Josephine Janke

Josephine Janke *wurde 1988 in Potsdam geboren und ging für ihr Studium nach Rostock. Seit 2019 arbeitet sie als Rechtsmedizinerin in Berlin und ist dort nicht nur für Leichenöffnungen zuständig – oft muss sie auch Opfer von Gewaltverbrechen untersuchen.*

Die Moderatorin und Schriftstellerin
Sarah Kuttner über trauernde Eltern

»Angst macht, dass du nicht mehr in Ruhe
ein letztes Mal saufen, kiffen oder vögeln kannst,
sondern die ganze Zeit an das Ende denken musst.«

Mit Sarah Kuttner hat Eric eine ganz besondere Verbindung: Die beiden waren mal ein Paar, und auch Jahre nach der Trennung würde sich Eric Sarah an seiner Seite wünschen, »wenn mal meine letzte Stunde schlägt«. Wie denkt Sarah über diese letzten Stunden? Und welche Erfahrungen hat sie vor dem Schreiben ihres Buchs Kurt gemacht, das ein Paar beschreibt, das ein Kind beerdigen muss? Ein Gespräch über den richtigen Umgang mit einem schwierigen Thema und die Bedeutung einer kritischen Ex-Freundin kurz vor dem Ende.

Eric Wrede: **Ohne dich wäre ich sehr wahrscheinlich nie Bestatter geworden.**

Sarah Kuttner: Die Leute denken jetzt, dass ich dir Leichen feilgeboten habe.

Richtig ist, dass du mich sehr dazu motiviert hast, mir einen neuen Lebensinhalt zu suchen.

Ich erinnere mich, dass ich es zuerst wahnsinnig affektiert fand, als du Bestatter wurdest. Ich dachte mir: Wenn der was mit den Händen machen will, dann soll er doch Tischler werden. Aber nein, der feine Herr wollte ja einen Job, bei man mit relativ kurzer Ausbildung relativ schnell relativ viel Geld verdient.

Immerhin hast du mich an meinem ersten Praktikumstag besucht.

Du riefst mich an und hast was von einem verstorbenen reichen Russen erzählt, für den du einen teuren Anzug von Hugo Boss besorgen musstest.

Meine erste Leiche.

Und ich bin, ehrlich gesagt, auch muttistolz auf dich, dass du das alles so durchgezogen hast. Die Toten sollen alle nur gute Dinge über dich erzählen. Bestimmt auch der Mann im Hugo-Boss-Anzug.

Weißt du eigentlich, dass du auch einige Jahre nach unserer Trennung der erste Mensch wärst, den ich mir an meine Seite wünschte, wenn mal meine letzte Stunde schlägt?

Ist das so?

Dazu muss man wissen, dass wir uns damals gestritten haben, weil ich eines deiner Bücher nicht gelesen hatte. Für die Vorbereitung auf dieses Gespräch habe ich aber genau das getan. Also fast. Und soll ich dir was sagen? Beim Hörbuch von *Kurt* hatte ich nicht nur einmal Pipi in den Augen. Ein junges attraktives Paar lebt mit dem neunjährigen Kurt zusammen, der das Kind von ihm, aber nicht von ihr ist. Kurt stirbt bei einem Unfall auf dem Spielplatz. Das erwähnst du in deinem Buch nur kurz – es geht vor allem darum, welchen Trauerprozess das Paar nach dem Tod durchstehen muss. Sagen wir mal so: kein einfaches Thema, um Bücher zu verkaufen.

Es stimmt, es gibt viele Menschen, die sich an so ein Thema

nicht rantrauen. O Gott, ein Kind stirbt? Dann lieber nicht. Aber darum geht es ja: dass man sich mit dem Tod oder der Trauer auseinandersetzt und lernt, besser darüber zu kommunizieren. Was mich sehr glücklich gemacht hat, sind die positiven Reaktionen von Menschen, die selbst so eine Erfahrung machen mussten und sich bei mir dafür bedankt haben, dass ich die Emotionen in diesen Extremsituationen so gut in Worte fassen konnte.

Bei Interviews oder Lesungen versuche ich immer, Gleichnisse zu schaffen, um irgendwie in der Lage zu sein, Trauer zu erklären. Du selbst hast zum Glück kein Kind verloren, dich aber in das Thema hineingearbeitet. Genau das würde ich vielen Menschen wünschen: dass sie die Empathie aufbringen, sich in Menschen hineinzuversetzen, die jemanden verloren haben. Wie ist dir das gelungen?

Auch da hast du deine Finger im Spiel. Als du gerade Bestatter geworden warst, musstest du unseren gemeinsamen Freund Marc beerdigen. Ich habe damals seine Lebensgefährtin bei mir aufgenommen. Da war ich automatisch mit dem Thema Trauer und Abschied involviert. Später starb noch eine andere Freundin, auch da war ich nicht nur selbst mit meiner Trauer beschäftigt, sondern konnte andere beim Trauern beobachten.

Was hast du damals gelernt?

Menschen, die jemanden verloren haben, hören das nicht gerne, aber für mich ist das Gefühl am Ende genauso mies wie ein richtig beschissener Liebeskummer. Verlieren ist verlieren – obwohl verlieren im Zusammenhang mit dem Tod ein bescheuerter Begriff ist, egal. Wenn sich ein geliebter Mensch dafür entscheidet, sich von einem zu trennen, dann macht man den gleichen Scheiß durch wie beim Sterben. All die Liebe und Nähe, die man gerne hätte, sind auf einmal nicht mehr da, nicht mehr möglich. Ich habe mal gelesen, dass das Stresslevel bei Liebeskummer ähnlich hoch ist wie beim Thema Tod. Ich musste solchen Liebeskummer erfahren, ich weiß, wie sich Schmerzen anfühlen. Wobei ich finde, dass Liebeskummer fast noch schlimmer ist. Wenn jemand stirbt, ist er einfach nicht mehr da. Wenn sich einer von einem trennt, dann ist er zwar noch da, aber gleichzeitig auch nicht. Um zurück zum Buch zu kommen: All die Erfahrungen gepaart mit einer gewissen Empathie haben mir dabei geholfen, solche Emotionen in die Geschichte zu übertragen.

Eric: So gerne ich Sarah in vielen Dingen recht gebe, aber ob Liebeskummer in seiner Nachhaltigkeit für unser Leben wirklich schlimmer ist als der endgültige Verlust einer Person, wage ich doch zu bezweifeln.

Der Vergleich ist aber dennoch erlaubt, denn sowohl Liebeskummer als auch Trauer sind Symptome, die dann stattfinden, wenn wir uns an eine neue Lebenssituation anpassen müssen. Früher sprach man von einer Anpassungsstörung, wenn Liebeskummer und Trauer länger als sechs Monate anhielten und ein normales Leben kaum möglich machten.

Ich bewerte den Liebeskummer lieber als eine Art Superpower, die uns helfen kann, besser mit der Trauer umzugehen. Liebeskummer haben die meisten von uns schon früh im Leben erfahren müssen, Trauer kommt meist erst später. Was haben wir getan, damit uns der Liebeskummer nicht übermannte? Und was lässt sich davon in der Trauer nutzen?

Über trauernde Eltern

Weißt du, worüber ich mich richtig aufrege?

Sag es mir.

Diese furchtbaren klassischen Kondolenzkarten. Wer geht denn in einen Laden, kauft diese geschmacklosen Dinger, um einem anderen Menschen zu sagen, dass es einem leidtut?

Vielleicht jemand, der es nicht besser weiß.

Klar, viele Menschen sind gefangen in diesem Gefühl, wenn jemand gestorben ist. Das macht es den Hinterbliebenen zusätzlich schwer. Wir haben damals die Trauerkarten für die Lebensgefährtin unseres Freundes gar nicht erst aufgemacht. Ganz ehrlich: Ein simpler Klebezettel, auf dem steht »Ich bin für dich da, wenn du mich brauchst, melde dich«, ist so viel mehr wert als diese vorgefertigten Karten.

Du hast eben von Liebeskummer gesprochen – den Vergleich bringe ich auch immer gerne. Ich sage dann: Stellt euch vor – Liebeskummer hoch drei, so fühlt sich Trauer an. Auch die Mechanismen, um mit Liebeskummer oder Abschiedsschmerz klarzukommen, sind sich sehr ähnlich. Was mich interessiert, ist, wie dieses Klarkommen aussieht und welche Kompetenzen die Leute daraus gewinnen. Du hast vorhin vom Feedback der Betroffenen gesprochen – wie geht man damit um?

Man sieht es mir vielleicht nicht an, aber ich bin generell sehr unsicher bei vielen Dingen, die ich mache. Wie ein kleines Mädchen, das sich denkt: Das kann ja nichts geworden sein. Es machte die Sache nicht leichter, als einer vom Verlag zu Beginn der Arbeit an *Kurt* sagte: »Du kannst das bestimmt richtig gut, aber du musst dir bewusst sein, dass tote Kinder Leser kosten.« Ich dachte mir: Egal, ich kann mir meine Leser ja eh nicht aussuchen. Und nicht jeder kann etwas mit meinem Stil anfangen. Zum Beispiel: Im Buch geht es zwar um ein totes Kind und einen trauernden Vater, aber es wird eben auch mal gevögelt. Ich finde, das braucht es auch, um bei all der Schwere im Buch zwischendurch mal durchatmen zu können. Lebensrealistischer ist es außerdem.

Welche Reaktionen kamen daraufhin?

Zu einer meiner Lesungen tauchte eine Gruppe von verwaisten Eltern auf, die sich für einen Besuch entschieden hatten. Beim Signieren kam eine Frau auf mich zu, das Buch voller Notizzettel. »Wahnsinn«, sagte sie, »wie oft sie genau richtiglagen. Die Probleme mit meinem Mann, die Hilflosigkeit, alles!« Eine andere Dame aus der Gruppe hatte ein paar Monate zuvor ihr Baby verloren und ließ sich in einem langen Instagram-Post darüber aus, wie furchtbar sie die Lesung gefunden hatte. Vorrangig die ihrer Meinung nach unpassenden Sexszenen. Ich habe damals den Fehler gemacht und darauf via Instagram reagiert. Unsere Kommunikation endete, als ich ihr schrieb, dass ihr das Buch zur Not ja als Unterlage für die Kaffeetasse beim Trauerprozess helfen kann, und sie daraufhin antwortete: »Das hilft vielleicht als Kotbeutel.« Da ließ ich es sein.

Trauer ist halt irrational. Ich versuche oft, eine normale Sprache zu verwenden. Einmal sagte ich so was wie: »Der Tod ist ein Arsch!« Was da an negativen Reaktionen kam, speziell von anderen Bestattern oder aus der Hospiz-Ecke! Dabei finde ich, dass es die einfache Sprache braucht, um die Hürden zu überspringen, die uns der Tod aufbaut. Apropos positive Reaktionen: Dein Buch wurde tatsächlich verfilmt. Von und mit Til Schweiger.

Ich kann diesen allgemeinen Til-Schweiger-Hass nicht verstehen. Erstens macht der Typ Filme, die direkt ins Herz treffen. Zweitens habe ich zwar die Buchvorlage geliefert, nicht aber den Inhalt des Films bestimmt. Und drittens hat er dafür gesorgt, dass viele Menschen den Film sehen und sich mit dem Thema beschäftigen.

Einen Film oder ein Buch über tote Kinder zu drehen beziehungsweise zu schreiben, ist auch im Jahr 2022 etwas Außergewöhnliches. Manchmal kommt es mir so vor, als sei der offene Umgang mit dem Tod der Nachfolger der sexuellen Revolution aus den Sechziger- und Siebzigerjahren. So wie früher über Sex spricht man heute über den Tod – immer noch sehr oft hinter vorgehaltener Hand.

Da bin ich selbst das beste Beispiel. Die erste Leiche meines Lebens habe ich gesehen, als wir für VIVA einen Beitrag über Bestatter produzierten. Dabei wissen wir Menschen instinktiv, dass der Tod zum Leben dazugehört und sind dementsprechend interessiert an dem Thema. Bloß hat man das in unserer Gesellschaft gut versteckt.

Denkst du oft an den Tod?

Zumindest weiß ich, dass ich nicht ewig auf diesem Planeten bleiben möchte. Ich finde es gruselig, dass wir uns den Tod immer suchen müssen, weil wir ihn ja sonst nicht zu Gesicht bekommen. Warum sind Bücher, Serien, Filme, Internetseiten und so weiter mit Mord und Totschlag so beliebt? Warum gaffen so viele bei Unfällen auf den Autobahnen? Die Menschen haben ein Bedürfnis, sich mit dem Tod zu beschäftigen. Und was machen wir? Sagen: Pfui, da ist ein Arm ab, da ist jemand gestorben, das macht man nicht! Lass die Leute doch gucken, lass sie Leichen sehen – vielleicht nicht unbedingt fremde Menschen auf der Autobahn, aber generell. Das Thema muss dringend enttabuisiert werden.

Hast du Angst vor dem Tod?

Ich hoffe, dass ich ohne Schmerzen und in Frieden sterben darf. Wenn ich dieses Glück habe, dann wird der Tod ja eher zu einem Problem für meine Hinterbliebenen, nicht für mich. Ich bin dann weg. Diese Vorstellung nimmt mir die Angst.

Weißt du, was du machen würdest, wenn du morgen erfährst, dass du bald sterben musst?

Na ja, was soll ich schon machen? Ich habe dann doch keine andere Wahl. Vermutlich würde ich ein paar Tage Panik schieben und es dann irgendwie schaffen, damit umzugehen. Das habe ich in den vergangenen Jahren gelernt: den Ist-Zustand zu akzeptieren.

Und was ist, wenn klar wäre, dass du vermutlich sehr lange leiden müsstest?

Dann würde ich mich umbringen.

Eric: Hier muss ich einspringen und klarmachen, dass diese Angst in jedem von uns vorhanden ist. Wer leidet schon gerne, das wäre ja nicht normal. Was uns trotzdem Mut machen sollte: Jeder Palliativmediziner wird uns erklären können, warum diese Angst unbegründet ist (siehe weiter vorne das Interview mit Achim Rieger). Wie lebenswert ein Leben ist, das nur noch sediert ertragen werden kann, ist eine andere Frage. Ich hoffe jedenfalls, dass die Liberalisierung in Sachen Sterbehilfe in Deutschland weiter voranschreitet und es bald auch bei uns möglich sein wird, aktiv über den Zeitpunkt unseres Todes zu entscheiden – unabhängig von finanziellem Spielraum, gesetzlichen Lücken oder den Einflüssen Dritter.

Ich frage mich immer, ob man das dann auch wirklich durchziehen würde.

Das kann ich dir auch nicht sagen. Aber ich glaube, wenn die Qual zu groß wird, wird man auch in der Lage sein, diesen Schritt zu gehen. Dein Körper wird dir schon entsprechende Signale senden.

Ich bewundere Menschen, die nur noch ein paar Wochen oder Monate zu leben haben und diesen Umstand akzeptieren.

Ich glaube, dass das irgendwann jeder akzeptiert. Schon allein deshalb, weil die Nichtakzeptanz so einen großen Aufriss bedeuten würde. Dieses ewige Angsthaben und Traurigsein macht einen auf Dauer doch kaputt.

Wir haben vorhin über unseren gemeinsamen Freund Marc gesprochen. Der hat nach seiner Krebsdiagnose eine Chemotherapie begonnen und die letzten Wochen seines Lebens im Krankenhaus verbracht. Wenn der gewusst hätte, wie das zu Ende gehen würde ...

... Wobei ich da sagen muss, dass ich nach einer solchen Diagnose auch umgehend mit einer Chemo oder Bestrahlung begonnen hätte, wenn es noch irgendeine Rettungschance gegeben hätte. So sehr Hippie bin ich dann auch nicht, dass ich mich kampflos ergeben würde.

Wobei ich Menschen, die sich dagegen entscheiden und ihrem eigenen Tod ins Auge blicken, für ihre Angstfreiheit beneide.

Das ist auch eine Leistung. Angstfreiheit ist für mich eh der einzige Weg. Angst frisst uns auf, ich kenne das Gefühl. Deshalb finde ich es auch so wichtig, sich von der Angst zu lösen. Angst macht, dass du nicht mehr in Ruhe ein letztes Mal saufen, kiffen oder vögeln kannst, sondern die ganze Zeit an das Ende denken musst. Ich hoffe einfach darauf, dass mein Körper irgendwann allein dafür sorgt, dass ich keine Angst mehr habe.

In deinem Buch fand ich besonders die Stellen spannend, in denen es darum geht, wie die beiden Protagonisten den Tod von Kurt als Paar verarbeiten. Dazu muss ich sagen, dass ich inzwischen ziemlich gut erkennen kann, welche Paare mit dem Tod eines Kindes klarkommen und welche nicht. Es kommt nicht selten vor, dass sich gegenseitig Vorwürfe gemacht werden. Nach dem Motto: Du hast mein Kind verloren! Gerade auch in den Fällen, bei denen Frauen ihr Kind noch im Mutterleib verlieren.

Wenn der Verlust so groß und so krass ist, dann kann es natürlich befriedigend sein, einen Schuldigen zu haben. Deshalb stirbt Kurt auch bei einem Unfall auf dem Spielplatz: Er fällt vom Klettergerüst, also außerhalb irgendeines Zuständigkeitsbereiches. Diese Schublade wollte ich nicht auch noch aufmachen.

Weißt du eigentlich, wo du bestattet werden willst?

Mein großer Traum ist: auf dem Friedhof von Alt-Stralau direkt an der Spree und gegenüber von der Insel der Jugend. Die Kirche ist auch richtig schön, leider bin ich vor ein paar Jahren ausgetreten. Vielleicht kannst du da was deichseln …

Wer den Friedhof nicht kennt: Auf der Halbinsel Stralau kommt irgendwann rechter Hand ein Friedhof mit Kirche,

direkt am Wasser. In die Kirche darf man tatsächlich nur rein, solange man noch in der Kirche ist. Allerdings gibt es ganz hinten auf dem Gelände eine andere Kapelle. Die ist jedoch nicht so schön.

Dann werde ich da irgendwann in deinem Kombi durch den Hintereingang reingekarrt. Und dann sagen die Leute »Tschaui«, und du trägst mich hoffentlich höchstpersönlich in mein Grab am Ufer.

> Die Online-Plattform Statista wollte wissen, wie oft die Menschen eigentlich noch auf einen Friedhof gehen. Ergebnis: Ein Viertel der Befragten gab an, mehrmals im Jahr auf den Friedhof zu gehen, zwölf Prozent sagten »Etwa einmal im Jahr«, 26 Prozent »Seltener«, 21 Prozent »Nie«. Neun Prozent der knapp tausend Befragten gehen monatlich auf den Friedhof, drei Prozent wöchentlich.
>
> Bundesweit gibt es aktuell circa 32 000 Friedhöfe. Der durchschnittliche Preis für eine klassische Erdbestattung wird mit etwa 13 000 Euro beziffert, Feuer- oder Seebestattungen kommen im Schnitt auf 4500 Euro.

Falls du tatsächlich vor mir sterben solltest – was ich nicht hoffe –, dann habe ich dich ja bereits darum gebeten, mir die Arbeit nicht allzu schwer zu machen. Zum Beispiel enge Skinny Jeans als Wunsch für das letzte Outfit ...

Das ist schon quicklebendig sehr problematisch, in diese Hose zu kommen. Gott, ich möchte mir gar nicht vorstellen, wie schwer das sein muss, eine Leiche da reinzuzwängen.

Wollen denn viele Menschen in Skinny Jeans beerdigt werden?

Die Generation der Skinny-Jeans-Trägerinnen kommt ja jetzt erst ...

Er hat richtig Angst davor!

Ey, das ist richtig anstrengend! Ich habe inzwischen auch ein paar Motorradfahrer beerdigen dürfen. Einem toten Menschen eine Lederkluft anzuziehen, ist schon ein Akt für sich. Aber Skinny Jeans ...

Keine Sorge, ich trage andere Hosen.

Wir waren bei deinem Lieblingsfriedhof stehen geblieben. Alt-Stralau wäre also ein möglicher Ort für deine Ruhestätte?

Ich bin ein echtes Berlinkind. Hier geboren, wollte auch nie richtig weg. Und dieser Ort ist erstens sehr schön, zweitens in Berlin, und drittens verbinde ich die Insel der Jugend und alles Drumherum mit Kindheit und mit Osten ... Wobei ich gerade feststelle, dass das alles völlig egal sein wird, wenn ich dann wirklich da unter der Erde liege.

Ich kann mir gut vorstellen, dass du im Besitz einer Liste von Menschen bist, die auf keinen Fall zu deiner Trauerfeier kommen dürfen.

Vielleicht will ich noch nicht mal eine Trauerfeier. Ich weiß gar nicht, was das soll. Die paar Leute, die mir nahestanden, werden schon einen Weg finden, sich von mir zu verabschieden. Ich will den Menschen auch gar nicht vorgeben, wie sie sich von mir zu verabschieden haben. Das wäre sonst auch viel zu viel Aufregung. Die sollen einfach alle machen, wie sie lustig sind.

Das Einzige, was ich in meinem Testament in dieser Hinsicht vorgegeben habe: Ich möchte nicht verbrannt werden.
Warum nicht? Ist doch viel platzsparender.
Erstens denke ich, dass es gar nicht verkehrt ist, mit seinem Grab zwei Quadratmeter Berlin für die nächsten zwanzig Jahre zu begrünen, und zweitens ...
... hast du richtig Angst vor Feuer.
Das stimmt!
Aber du weißt schon, dass du dann tot bist, oder? Du hast es mir selbst erklärt, dass bei einer Feuerbestattung gleich doppelt überprüft wird, ob der tote Mensch wirklich tot ist.

Eric: Ob man tot ist, sollte bereits der Arzt bestätigen können, der den Tod offiziell feststellt. In den meisten Bundesländern muss noch ein zweiter Arzt im Krematorium den Tod bestätigen, eine erfreuliche Entwicklung. Ich bleibe jedoch bei der Erdbestattung. Die sollen mich schön auf den Schultern über den Friedhof schleppen – Grüße gehen raus an Gero, Juri, Marc, Cornelis und Frank!

Ich mag einfach die Idee, einen Körper zu Grabe zu tragen. Ihn auf einen Ort zu betten, wo er langsam nach und nach der Natur übergeben wird.
So habe ich das noch gar nicht betrachtet. Das gefällt mir.
Kannst du dir vorstellen, in einem Familiengrab beerdigt zu werden?
Nein, ich möchte da ganz für mich allein sein. Ich glaube, für meine Familie ist das auch okay.
Wie sieht das Leben nach dem Tod aus?

Also für ganz unten war ich hoffentlich zu nett, für ganz oben stehe ich vielleicht auf der Gästeliste. Mir würde auch die Mitte reichen, wo es dann Stulle statt Milch und Honig gibt. Aber da ich daran nicht glaube, macht es jetzt eh keinen Sinn, darüber nachzudenken. Glaubst du denn, dass danach noch was kommt?

Grundsätzlich nicht. Dafür habe ich schon zu viele Verstorbene gesehen, und die waren wirklich alle sehr tot. Aber wer weiß.

Komm, lassen wir uns überraschen.

Wäre schon komisch, wenn da plötzlich einer vor mir steht und auflistet, was ich alles richtig und falsch gemacht habe.

Da musst du dir keine Sorgen machen. Das habe ich doch schon längst übernommen. Lass mich dein Fegefeuer sein!

Eric: Ich finde, jeder sollte einen ihm wohlgesonnenen Partner haben, der einen am Eingang der Pforte zur Zwischenwelt begrüßt (an die ich übrigens nicht glaube). Wenn einen jemand in seiner ganzen Ambivalenz beschreiben kann, dann doch am ehesten der oder die Ex, mit dem/der man es nicht verbockt hat. Let me be your Fegefeuer!

Sarah Kuttner *wurde 1979 in Berlin-Friedrichshain geboren und 2001 bei einem Casting des Musiksenders VIVA als Moderatorin ausgewählt. Später war sie bei der Konkurrenz von MTV vor der Kamera zu sehen und in vielen anderen Produktionen. Seit 2017 betreibt sie gemeinsam mit Stefan Niggemeier den Podcast* Das kleine Fernsehballett, *seit*

2022 gibt es ein weiteres Podcast-Projekt: »Bauerfeind + Kuttner«, gemeinsam mit Katrin Bauerfeind. Kuttner, die auch als Hundetrainerin tätig ist, war lange Zeit als Kolumnistin für die Süddeutsche Zeitung *und den* Musikexpress *aktiv, 2009 erschien ihr erster Roman* Mängelexemplar, *inzwischen sind weitere Werke dazugekommen, zuletzt erschien* Kurt *(2019), der von Til Schweiger verfilmt wurde.*

Der Moderator und Autor **Ralph Caspers** über Kinder und den Tod

»Ich werde oft gefragt, wie man denn nun genau mit trauernden Kindern umgehen sollte. Aber darauf gibt es keine Antwort – jedes Kind ist anders.«

Ralph Caspers kann nicht nur wunderbar Kinder bespaßen und ihnen die Welt erklären, er weiß auch, wie Kinder trauern – und was man als Erwachsener dabei beachten sollte. Seine Kenntnisse dazu entspringen nicht nur den Recherchen für sein Buch Wenn Papa jetzt tot ist, muss er dann sterben?*, sondern stammen auch aus der eigenen Biografie. Im Interview mit Eric spricht Ralph über seinen früh verstorbenen Vater, warum er gerne eine Schatzkiste als Erinnerung behalten hätte und wie man das eigentlich macht: Kindern den Tod zu erklären. Oder ihn sich erklären zu lassen.*

Eric Wrede: Wenn sich meine Tochter alte Folgen von *Die Sendung mit der Maus* anschaut, wird sie mich ganz bestimmt beneiden, dich als Interviewgast zu haben. Andere kennen dich als Moderator des Wissenschaftsmagazins *Quarks*. Wie oft wirst du noch auf der Straße von Kindern angesprochen?

Ralph Caspers: Gar nicht so oft, wie du vielleicht denken magst. Ich sehe im Fernsehen viel kleiner aus als im echten Leben. Wenn ich dann erkannt werde, sind die meisten erst mal kurz eingeschüchtert. Aber dann wird es oft sehr niedlich. Einmal allerdings auch schmerzhaft. Ich erinnere mich an ein Mädchen, das erst guckte, dann noch mal guckte, mich offenbar erkannte – und dann volle Kanne gegen einen Laternenpfahl lief.

Ich wollte dich interviewen, weil du dich sehr intensiv damit beschäftigt hast, wie Kinder mit Verlusten umgehen und wie man mit Kindern umgehen sollte, die Verluste erfahren haben. Darüber hast du ein phänomenales Buch geschrieben, es heißt *Wenn Papa jetzt tot ist, muss er dann sterben?*. **Wie kam dieser Titel zustande?**

Der stammt aus den vielen Fragen von den Kindern aus Trauergruppen, die ich für das Buch besucht habe. Die Fragen waren sehr unterschiedlich. Gibt es den Himmel? Was passiert mit einem toten Körper? Die Frage nach dem toten Papa stammte von einem kleineren Kind. Ich fand das in einer Weise sehr poetisch, auch wenn ich keine konkrete Antwort darauf geben konnte. Weil diese Frage so viel öffnet, war es schließlich eine gute Titelfrage.

In unser Bestattungshaus kommen häufig Familien mit kleinen Kindern. Und weil ich denen gar nicht so lange Vorträge halten möchte, habe ich zwei, drei Bücher, die ich zur Beantwortung der vielen Fragen gerne weiterempfehle. Deines gehört dazu, weil es so pointiert ist, statt um den heißen Brei zu reden. Wenn ich eines gelernt habe, dann, dass man keine langen Reden oder Herleitungen hören möchte, wenn gerade ein geliebter Mensch gestorben ist.

Den Abgabetermin für das Buch musste ich zweimal verschieben. Zuerst dachte ich, kein Problem, ich kenn mich ja mit dem Thema aus. Doch je konkreter es wurde, desto schwieriger wurde es. Erst sollte es ein Buch sein, das einen richtig mitnimmt, wo man beim Lesen einen Kloß im Hals hat. So, wie es mir ging, als ich das erste Mal bei »TrauBe« in Köln war, der Trauerbegleitung für Kinder, Jugendliche und junge Erwachsene. Als ich da die gemalten Bilder an den Wänden sah, musste ich gleichzeitig weinen und lachen. So geht es mir auch bei richtig guten Filmen.

Kannst du ein Beispiel nennen?

Edward mit den Scherenhänden. Allein wenn die Musik anfängt, möchte man am liebsten sofort losheulen. Und gleichzeitig ist der Film so schön, dass ich ganz oft lachen muss. Johnny Depp spielt Edward, ein künstlich erschaffener Mensch eines genialen Erfinders, gespielt von Vincent Price. Edward ist vorrangig aus Küchenutensilien gebaut, und das Letzte, was ihm noch fehlt, sind seine Hände. Bevor die fertig werden, stirbt sein Erfinder. Statt normale Hände hat er dann Scheren. Das Gefühl, das ich beim Anschauen dieses Films bekomme, hatte ich auch, als ich das erste Mal die Trauerbegleitung besuchte.

Was wurde aus der Idee, dein Buch mit diesem Gefühl auszustatten?

Ich fand sie bescheuert. Wenn jemand, der dir wichtig war, stirbt, dann hast du eh so viel um die Ohren und möchtest am liebsten die ganze Zeit weinen. Dann braucht es nicht noch ein Buch, das dich emotional so mitnimmt. Ich musste also einige Dinge anders aufbauen, einiges neu schreiben, ein vorsichtiges Herantasten. Bis mir dann klar wurde, dass es ein Buch sein sollte ähnlich wie diese Notfallkarten in der Sitztasche von

Flugzeugen. Es gibt die und die Situation, und das hast du jetzt zu tun. Ganz einfach geschrieben. Deshalb ist das Buch so geworden, wie es ist.

Du hattest also Kontakt zu »TrauBe«, bevor es die Idee zum Buch gab? Dazu muss man wissen, dass »TrauBe« auch über die Grenzen von Köln hinaus eine Institution ist.

Richtig. Einer meiner Nachbarn fragte mich, ob ich mir nicht vorstellen könnte, Botschafter für »TrauBe« zu sein. Weil ich gegenüber Tod und Trauer keine Berührungsängste habe, sagte ich zu und besuchte den Verein. Ich nutze gerne meinen Bekanntheitsgrad, um auf solche wunderbaren Einrichtungen hinzuweisen, die sich über Spenden finanzieren. Wenn jemand stirbt, den du gernhattest, dann ist es ein gutes Gefühl, einen Verein wie »TrauBe« an deiner Seite zu wissen.

Eric: Erst im Moment des Verlustes verstehen die meisten Menschen, wie wichtig unterstützende Institutionen sein können. Das richtige Hospiz, in dem wir uns gut aufgehoben fühlen. Eine gute Trauerbegleitung für alle, die den Weg in und aus der Trauer nicht allein schaffen. Fast alle diese Institutionen leben von Spenden. Selbst Hospize werden nur zu einem gewissen Teil von der Krankenkasse getragen. Sie sind auf Spenden Dritter angewiesen, auch wenn sie den Patienten selbst nichts kosten.

Häufig spenden die Angehörigen für diese Organisationen. In anderen Kulturen ist es auch durchaus üblich, dass für die Beerdigung selbst Geld gesammelt wird, damit die Familien zumindest auf finanzieller Ebene Unterstützung erfahren.

Dein eigener Vater starb, als du fünfzehn Jahre alt warst.
Mitten in der Pubertät. Wirklich das *beste* Alter, um jemanden zu verlieren ... Dieser Verlust begleitet mich mein ganzes Leben lang. Wenn Mama oder Papa sterben, ist das für jedes Kind ein einschneidendes Erlebnis.
Wie ist er gestorben?
Er hatte Lungenkrebs. Ein halbes Jahr nach der Diagnose war er tot. Sechs Monate sind für einen Jugendlichen eine lange Zeit. Und gleichzeitig kam sein Tod überraschend. Und auch wieder nicht. Ich weiß noch genau, es war ein Sonntagabend im September. Mein Vater war zu diesem Zeitpunkt bereits seit einiger Zeit im Krankenhaus. Das Telefon klingelte. Irgendein Erwachsener kam in mein Zimmer und sagte mir, dass gerade mein Vater verstorben sei.
Hat dir damals jemand vorab mitgeteilt, dass dein Vater sterben würde?
Ich kann gar nicht mehr genau sagen, ob mir das so explizit mitgeteilt wurde. Mir war schon bewusst, dass es nicht so rosig aussieht, wenn man Lungenkrebs hat und bereits Metastasen gestreut haben. Ich konnte dabei zusehen, wie es ihm immer schlechter ging. Es gab Zeiten, da lag er im Bett und konnte gar nichts machen. Es war schon hart, den eigenen Vater so schwach da rumliegen zu sehen. Später dachte ich darüber nach, ob ich mich mehr mit ihm hätte beschäftigen sollen. Gar nicht im Sinne eines schlechten Gewissens, eher als Gedanke an eine verpasste Chance. Das war schon hart.
Auch mit Anfang vierzig mag ich mir nicht vorstellen, dass mein Vater stirbt. Aber als Teenager, wo man diese Vorbilder braucht, um sich an ihnen zu reiben ...

Über Kinder und den Tod

… wo man in einer Phase ist, in der man sich von den Eltern lösen möchte, gar nichts mehr mit ihnen zu tun haben will, ist es besonders. Auf einmal war mein Vater weg. Dabei wäre es doch meine Aufgabe gewesen, weg zu sein!

Eric: Wenn Geschwister oder Eltern von noch nicht erwachsenen Kindern sterben, ist das Verständnis und die Hilfsbereitschaft im Umfeld oft größer als in anderen Fällen. Klar, solche Fälle emotionalisieren ganz besonders. In unserer Trauerbegleitung versuchen wir, so wenig wie möglich zu unterscheiden. Trotzdem sind die Bedürfnisse von Betroffenen in solchen Situationen in der Regel noch einmal deutlich intensiver.

Wichtig finde ich dabei, dass wir verstehen, dass die Trauer nicht weniger wird, nur weil der Tod eines Menschen – zum Beispiel durch sein Alter – vorhersehbarer ist. Wir alle leiden besonders mit Eltern, die ihre Kinder verloren haben, oder mit Kindern, die sehr früh ihre Eltern verloren haben. Aber unsere Erfahrungen zeigen, dass gerade die »leisen« und vermeintlich »normalen« Verluste die meiste Aufmerksamkeit benötigen. Menschen, die im hohen Alter ihren Partner verlieren. Menschen, die, mitten im Leben stehend, ihre Eltern verlieren und damit den vielleicht letzten Schritt des Erwachsenwerdens vollziehen. Sie zu begleiten und auch ihnen genügend Raum für Trauer zu bieten, empfinde ich als sehr anspruchsvoll.

Letztlich geht es immer darum, die Bedürfnisse der Trauernden zu erkennen und entsprechend aufzufangen. Wer braucht Ruhe? Wer Gesellschaft? Wer möchte Erinnerungen schaffen? Wer hat Angst davor, vergessen zu werden? Alles Fragen, denen wir in unserer täglichen Arbeit Antworten geben müssen.

Ralph Caspers

Hast du Geschwister?

Ja. Eine Halbschwester, zu der ich nur noch sporadisch Kontakt habe, und meine Schwester. Meine Eltern haben sich scheiden lassen, als ich in der ersten Klasse war. Meine Schwester und ich sind nicht bei meiner Mutter geblieben, sondern sind zu meinem Vater gezogen. Daran sieht man, was für eine enge Verbindung wir zu ihm hatten. Ende der Siebziger, Anfang der Achtziger war so eine Lösung nicht gerade gang und gäbe. Meistens blieben die Kinder bei der Mutter. Unser Vater war ein sehr liebevoller Mensch – unsere Mutter auch, aber bei ihm war es anders. Mein Vater hat dann noch mal geheiratet und bekam mit seiner neuen Frau ein weiteres Kind. Das Verhältnis zu meiner Stiefmutter war nicht so gut. Als mein Vater starb, war bald klar, dass sie sich nicht um meine Schwester und mich kümmern konnte und wollte. Wir sind dann von zu Hause rauskomplimentiert worden. Das ging so schnell und plötzlich, dass ich nicht mal irgendwelche Erinnerungsstücke an meinen Vater mitnehmen konnte. Fotoalben, Videos, Kleidungsstücke – so etwas hatten wir alles nicht.

Was hat das mit deiner Beziehung zwischen dir und deiner Schwester gemacht?

Ich glaube, ich war ein ziemlich normaler großer Bruder – also ziemlich ätzend. Nichtsdestotrotz verstehen wir uns großartig, die Erlebnisse von damals haben uns zusammengeschweißt. Nach dem Tod meines Vaters waren wir allerdings relativ bald voneinander getrennt. Ich ging wie geplant für ein Jahr in die USA, sie zog zu meiner Mutter. Und als es darum ging, wieder zurück nach Deutschland zu ziehen, meinte meine Mutter: »Ich habe eine tolle Überraschung für dich!«

Was war die Überraschung?

Sie hatte keinen Platz für mich, mir aber eine Wohnung besorgt und alles liebevoll eingerichtet. Doch ich wollte das nicht. Ihr das zu sagen, war ziemlich hart. Ich wollte die Schule in dem Ort beenden, wo mein Vater gelebt hatte, wo meine Freunde waren. Weil ich in dem Kaff allerdings nicht allein wohnen wollte, nahm mich der Direktor meiner Schule bei sich zu Hause auf – mit seinem Sohn war ich in den USA gewesen. Das lief die zwei Jahre bis zum Abitur auch gut.

Mit Blick auf deine Erfahrungen: Wie gehst du mit dem Thema Tod und Trauer heute um?

Der Tod versetzt mich nicht vor Angst in Schockstarre. Ich finde diese Themen superinteressant.

Wann kam dir eigentlich die Idee für dein Buch?

Zwei Jahre vor der Arbeit an *Wenn Papa jetzt tot ist, muss er dann sterben?* wollte ich mit der Lektorin meines Verlags eigentlich ein anderes Buch schreiben. Was allerdings nie zustande kam. Sie hatte die Idee für ein Buch über trauernde Kinder und fragte mich, ob ich daran Interesse hätte. Hatte ich. Ich erzählte ihr von meiner Zusammenarbeit mit »TrauBe«. Wie sich herausstellte, gehörte sie auch dem Verein an. Ihr Mann war gestorben, daher die Verbindung.

Eric: Ich glaube fest daran, dass Alibi-Erfahrungen nicht weiterhelfen, wenn es ans Eingemachte geht. Wer ist schon besser mit Liebeskummer zurechtgekommen, nur weil sie oder er *Die Leiden des jungen Werther* gelesen hat? Bei Tod und Trauer ist es ähnlich.

Ich finde es sehr spannend, Bücher zu lesen, in denen Menschen ihre persönlichen Erfahrungen mit Trauer beschreiben. Aber trauernden Menschen weiterempfehlen würde ich sie trotzdem nicht. Zu groß ist die Gefahr, dass Trauernde die Erfahrungen von anderen auf sich übertragen. Hilfreicher finde ich da eher den direkten Austausch mit anderen Betroffenen.

Das Buch von Ralph empfehle ich dennoch gerne weiter, weil es sehr praxisnah und so schön unaufgeregt ist. Wer sich ansonsten in der Theorie mit Trauer beschäftigen will, dem seien die Bücher und Veranstaltungen der Trauerbegleiterin Chris Paul (www.chrispaul.de) ans Herz gelegt.

Wie sah die Arbeit an deinem Buch aus?

Ich habe mit Trauerbegleiterinnen und Trauerbegleitern gesprochen, betroffene Jugendliche und Kinder interviewt, war zu Besuch bei einem Bestattungsunternehmen, habe mir den Tod von Rechtsmedizinern erklären lassen, mich mit Psychologinnen und Psychologen ausgetauscht. Alles, was mit dem Thema zu tun hatte, wollte ich kennenlernen.

Kannst du dich an besondere Aha-Momente während deiner Recherche erinnern?

Auf jeden Fall. Ganz grundsätzlich: dass es bei der Trauer beziehungsweise Trauerarbeit nicht darum geht loszulassen. Oder jemanden festzuhalten und niemals ins Vergessen zu kommen. Es gibt diese Tendenzen, alle Erinnerungen an eine verstorbene Person zu bewahren und gleichzeitig abzuschließen und weiterzumachen. Es geht eher darum zu akzeptieren, dass der Tod nun zu dir und deinem Leben gehört. Das ist die Aufgabe: den entstandenen Verlust ins eigene Leben zu integrieren. Eine

Trauerbegleiterin hat mir dafür ein Beispiel genannt: Wenn jemand stirbt, den man lieb hatte, dann ist das so, als würde man ein Messer in den Oberschenkel gerammt bekommen. Erst mal ist man geschockt, weil man nicht fassen kann, was einem da passiert ist. Es entsteht eine Wunde, es blutet stark. Manche Menschen sind in der Lage, sich selbst zu versorgen, andere brauchen dabei Hilfe. Irgendwann wächst diese riesige Wunde zu, vielleicht wird sie genäht, vielleicht bildet sich eine natürliche Kruste. Und dann kann es sein, dass man sich am Tisch stößt und die Wunde wieder aufreißt. Es blutet erneut, muss erneut verheilen. Bis dann eine Narbe bleibt, die zwar nicht mehr aufreißen kann, aber an manchen Tagen schmerzt und sich bemerkbar macht. So ungefähr fühlt sich der Tod an. Diese Erklärung fand ich sehr nachvollziehbar und auch beruhigend.

Da gehe ich voll mit. Der Wunsch vieler Menschen, dass es nach dem Verlust einer lieben Person wieder einen Weg zurück zur alten Normalität geben kann, ist eine Illusion. Ja, es wird wieder eine Normalität geben, aber die wird eine andere sein.

Genau. Es wird immer wieder Momente geben, in denen es wehtut. Je älter man wird, desto seltener werden diese Momente vielleicht, oder man gewöhnt sich so sehr daran, dass die Erinnerung gar nicht mehr wehtut.

Chris Paul, eine renommierte Trauerbegleiterin, die ich sehr schätze, hat einmal gesagt: »Trauern ist nicht das Problem, sondern die Lösung.« Was mir an deinem Buch sehr gefällt, ist die Tatsache, dass du den Leserinnen und Lesern Optionen anbietest, um Kindern beim Trauern zu helfen. Woher kommt diese große Unsicherheit von Erwachsenen,

Kinder mit dem Tod zu konfrontieren? Und warum vertrauen sie ihren Kindern nicht, auch mit negativen und traurigen Dingen umgehen zu können?

Darauf habe ich auch keine schlauen Antworten. Was ich häufig beobachte, ist, dass Kinder und Jugendliche bei diesen Themen sehr oft unterschätzt werden. Die verstehen mehr, als man denkt, und sind nicht doof, nur weil sie kleiner und jünger sind. Außerdem bekommen sie sehr genau mit, wenn ihnen etwas vorgemacht wird. Man muss ihnen die Möglichkeit geben, an der Trauer teilzuhaben, und sie nicht vor ihnen verstecken.

Bevor ich Menschen mit Kindern, die zu mir kommen, mit Literatur zum Thema versorge, konfrontiere ich sie zunächst mit Fragen. Zum Beispiel: Soll euer Kind bei so einem einschneidenden Erlebnis gehört und ernst genommen werden oder nicht? Damit gelingt es mir oft, dass sie sich überhaupt trauen, über solche Sachen nachzudenken.

Den reflexhaften Schutzmechanismus der Eltern kann man gut nachvollziehen, die Frage ist nur, wie sehr sie ihren Kindern damit wirklich guttun.

Wir waren bei deinen Aha-Momenten stehen geblieben. Gab es noch weitere?

Was mich bei der Recherche fasziniert hat, war die Erfahrung, dass alle Menschen unterschiedlich trauern. Es gibt keinen Trauerstandard. Manchen hilft es, lange traurig zu sein, andere machen zwei Wochen nach dem Tod schon wieder Party. Viele Menschen sind allerdings genau darin gefangen, sie glauben, auf eine bestimmte Art trauern zu müssen, weil es ihre Mitmenschen von ihnen erwarten.

Ein großes Problem von Erwachsenen ist, dass sie ihre Art zu trauern auf ihre Kinder übertragen wollen. Beziehungsweise glauben sie, dass es so ist. Nach dem Motto: Wenn es mir dreckig geht, geht es meinem Kind genauso. Du hast dazu in deinem Buch eines meiner Lieblingswörter verwendet: Pfützentrauer. Bitte erklär das noch mal.

Kinder springen in die Trauer rein wie in eine Pfütze. Dann sind sie traurig, müssen weinen, was man eben so macht. Dann kommt der Anruf eines Freundes, ob sie zum Spielen kommen wollen, und sie springen einfach wieder raus aus der Trauerpfütze. Wenn man das als Erwachsener nicht versteht, kann einen dieses Verhalten sehr irritieren. Aber das ist ganz normal.

Deshalb arbeite ich so gerne mit trauernden Kindern zusammen: weil die so wahnsinnig ehrlich trauern. Und nicht daran denken, was wohl die anderen über sie denken.

Bei mir persönlich hat es eine Zeit gedauert, ehe ich realisiert habe, dass ich mich nicht schämen musste, gut gelaunt zu sein, nur weil mein Vater kurz zuvor verstorben war. Zwei Wochen nach seinem Tod war ich auf einer Party. Und fast jeder Gast fragte mich: »Was machst du denn hier? Dein Vater ist gerade gestorben, und du bist auf einer Party?« Die fanden mein Verhalten pietätlos, konnten es nicht fassen und fragten sich, warum ich nicht weinend zu Hause in der Ecke hockte. Dabei gab es genau solche Momente auch.

> So individuell, wie wir Menschen sind, so individuell trauern wir auch. Eine grobe Orientierung bietet das von der Schweizer Psychologin Verena Kast erarbeitete

»Phasenmodell«. Demnach durchlebt der Mensch in der Trauer verschiedene Phasen, beginnend mit dem Nicht-wahrhaben-Wollen, der Zeit des Schocks und der Leugnung, die etwa eine Woche anhält. In der Phase der aufbrechenden Emotionen zeigen sich Wut, Angst und Schmerz, anschließend folgt eine Zeit des Suchens und des Sichtrennens. Die letzte Phase befasst sich mit dem neuen Selbst- und Weltbezug, der Tod wird akzeptiert und zu einem Begleiter des eigenen Lebens.

Experten warnen jedoch davor, dass die klassischen Modelle der Psychologie den Bedürfnissen von Trauernden nicht gerecht werden und einige Menschen in ihrer Trauer sogar unter Druck setzen. Fest steht: Es gibt keine klare zeitliche Eingrenzung für Trauer. Eine Trauerphase von drei bis fünf Jahren ist normal, andere trauern ein Leben lang, ohne dadurch Schaden zu nehmen.

Ich erlebe es in unserer Arbeit häufig, dass Angehörige oder Freunde von Trauernden uns kontaktieren und fragen, wie man mit der Trauer des Bekannten umgehen soll. Dabei sind die Betroffenen meist sehr klar in ihrer Trauer.

Es gibt keine Regeln beim Trauern. Und wieder in Bezug auf Kinder: Die trauern öfter. Je nach Lebensalter. Ein Kindergartenkind springt rein in die Pfütze und raus aus der Pfütze. Wenn es ins Teenageralter kommt, kann es sein, dass es wie ein Teenager trauert. Und später als junger Erwachsener wie ein junger Erwachsener. Dass man in den verschiedenen Lebensphasen die Trauer noch mal durchmachen kann, war mir nicht bewusst, hat mir aber sehr viel erklärt.

Eric: Eine der wichtigsten Erfahrungen und Lehren aus den Jahren, in denen wir Menschen in der Trauer begleiten, ist die Tatsache, dass jede Altersgruppe ihren eigenen Freiraum benötigt. Gerne auch getrennt voneinander. Kinder fragen offener und freier, wenn ihre weinenden Eltern nicht mit am Tisch sitzen. Mütter sind entspannter, wenn sie sich nicht auch noch nebenbei um ihre trauernden Schwiegereltern kümmern müssen. Gleichzeitig können sich die verschiedenen Generationen in der Trauer auch gegenseitig stützen. Für mich ist dabei entscheidend: Trauer muss stattfinden und sollte nicht verhindert werden.

Neulich rief mich eine Frau an, deren Mann ich ganz zu Beginn meiner Tätigkeit als Bestatter beerdigt hatte. Ihre Tochter war damals in der Grundschule. Jetzt, acht Jahre später, war sie sehr traurig und vermisste ihren Papa schrecklich. Ihre Mutter fragte mich, ob wir damals vielleicht etwas falsch gemacht hätten. Ich konnte sie zum Glück beruhigen. Eltern neigen mit Blick auf ihre Kinder oft dazu zu psychologisieren oder zu psychiatrieren. Da grätsche ich oft dazwischen, weil es natürlich wichtig ist, das Verhalten von trauernden Kindern zu beobachten, aber nicht jedes trauernde Kind muss zum Psychologen. Du thematisierst das auch in deinem Buch.

Was mir alle Trauerbegleiterinnen und Trauerbegleiter gesagt haben: Der Tod kann sehr viele Sachen auslösen. Zum Beispiel, dass man selbst tot sein möchte. Auch das kann zum Trauern dazugehören. Natürlich möchte man sein Kind schützen und verhindern, dass es leidet. Aber man sollte auf jeden Fall die richtige Balance aus Wachsamkeit und Geduld aufbringen.

Dein Buch besticht dadurch, dass einfache Fragen gestellt werden, auf die du dann antwortest.

Genau. Ich habe versucht, es in verschiedene wesentliche Teile zu gliedern. Im ersten Teil geht es um die Frage: Wann soll ich meinem Kind sagen, dass Papa oder Mama verstorben sind? Gibt es einen guten Zeitpunkt? Oder gar keinen guten Zeitpunkt. Die Antwort lautet: Es gibt dafür nie den richtigen Zeitpunkt, also raus damit und nicht lange hinauszögern. Der Tod wird nicht weniger schlimm, weil die Stimmung gerade ganz gut ist. Im Gegenteil. In einem zweiten Teil habe ich geschaut, in welchem Alter welche Verlustsituation stattfindet, und das in sechs unterschiedliche Altersstufen aufgeteilt.

Warum hast du das so binnendifferenziert unterschieden?

Die Antworten sind recht ähnlich, aber immer auch ein wenig anders. Und ich wollte einen praktischen Ratgeber schreiben, in dem man schnell nachschlagen kann: Okay, das ist passiert, und so sollte ich jetzt handeln. Da lag es auf der Hand, eine Art Suchmatrix zu erstellen. Ist ein Elternteil gestorben? Oder beide? Oder Oma oder die Tante? Oder das Haustier, weil auch das eine Rolle spielt.

Bevor es dein Buch gab, haben wir Familien ein Infoblatt mitgegeben, auf dem vier Altersstufen vermerkt waren. Jetzt weiß ich, dass das noch zu oberflächlich war. Da muss man viel genauer hinschauen und sensibilisieren.

Ich werde oft gefragt, wie man denn nun genau mit trauernden Kindern umgehen sollte. Aber Matrix hin oder her, darauf gibt es trotzdem keine finale Antwort, denn jedes Kind ist anders. Ich habe drei Kinder, alle haben dieselben Eltern und wachsen im selben Umfeld auf. Trotzdem sind die wahnsinnig verschieden.

Würdest du dir für deine Kinder wünschen, dass sie in der Schule noch mehr über den Tod und alles, was dazugehört, aufgeklärt werden?

Also so was wie: Macht euch keine Sorgen um Leichengift, so was gibt es nicht, und es ist völlig okay, den Leichnam auch zwei Tage nach dem Tod anzufassen?

Ja, genau.

Ich bin mir sicher, dass die Eltern dann auf die Barrikaden gehen würden. Aber eigentlich wäre das genau der richtige Weg. Wir sollten uns als Gesellschaft nicht so verschließen vor dem Tod, weil: Am Ende sterben wir alle. Da wäre es doch recht sinnvoll, sich schon zu Lebzeiten damit auseinanderzusetzen. Dadurch würde auch dieses unangenehme Gefühl verkleinert, das damit einhergeht, wenn man sich mit dem Tod befasst. Das ist einer der Gründe, warum der Tod gerne totgeschwiegen wird. Weil die Gedanken über den Tod des Nachbarn oder einer Freundin gleichzeitig auch immer bedeuten, sich mit der eigenen Sterblichkeit auseinanderzusetzen. Und das machen viele Menschen nicht gerne.

Eric: Meine Erfahrungen zeigen mir, dass sich die meisten Menschen ab einem gewissen Alter ihrer Sterblichkeit durchaus bewusst sind. Ob sie auch offen darüber sprechen, kann ich nicht sagen. Wo tatsächlich ein großer Nachholbedarf besteht, ist das Wissen über bestimmte Bedürfnisse, bestehende Optionen und das Handeln danach. Was nützt mir das theoretische Wissen darüber, dass ich oder mein Partner zuerst sterben, wenn ich dann nicht auf den Fall vorbereitet bin?

In der westlichen Zivilisation haben wir uns das Trauern und Sterben ein wenig »wegnehmen« lassen, ich glaube aber, derzeit eine Bewegung zu erkennen, die sich diese Felder wieder zurückerobert.

Zu lernen, mit unverrückbaren Veränderungen im Leben klarzukommen, ist eine besondere Fähigkeit. Ich glaube, es geht darum festzustellen, welche Bedürfnisse man in solchen Extremsituationen hat. Ich zum Beispiel fange an zu fotografieren, wenn ich überfordert bin.

Eine interessante Übersprunghandlung.

Als mir klar wurde, dass mein Opa sterben würde, habe ich Fotos gemacht. Die hole ich noch heute manchmal raus und mache mir bewusst, dass die das Ergebnis meiner Reaktion auf diese schlimme Erfahrung in meinem Leben waren. Ich glaube, dass jeder seine Technik hat, um mit so etwas umzugehen.

Und das sollte man jungen Menschen unbedingt beibringen. Wenn ich mich zum Beispiel bei etwas nicht entscheiden kann, entscheide ich mich einfach für eine Sache und schaue, wie es sich anfühlt. Wenn es sich nicht gut anfühlt, ändere ich meine Entscheidung. Das ist meine eigene Taktik, jeder muss seine finden. Dafür wäre die Schule ein guter Ort.

Du sprichst von Schulen, aber ich war schon in Kitas, die das Thema phänomenal aufgegriffen haben. Die gehen etwa in das Theaterstück *Die besten Beerdigungen der Welt* und arbeiten das sehr cool und süß auf. Natürlich braucht es dafür

eine Elternschaft, die den Erzieherinnen und Pädagogen vertraut. Irgendwann sind die auf uns zugekommen und haben uns in ihre Kita eingeladen. Ich nahm eine befreundete Pastorin mit und versuchte, die Fragen der Kinder zu beantworten. Zum Beispiel: Wie buddelt man ein Loch für eine Urne? Ein Jahr später starb der Opa eines der Kinder. Der Kleine wollte seinem Opa unbedingt etwas mitgeben und entschied sich für eine selbst gebastelte Minitaschenlampe und einen Hammer. Falls Opa wieder aufwachen sollte und natürlich als Waffe gegen mögliche Zombies. Wie stark und offen der mit dem Thema umgegangen ist, das fand ich schon faszinierend. Bei der Bestattung selbst kam er mit Schaufel und Plastikeimer und wollte mithelfen, das Loch von Opa aufzufüllen.

Normalerweise verfällt man in eine passive Rolle, wenn Menschen sterben, aber dass er das in etwas Aktives umgemodelt hat, ist großartig.

Was ich zusätzlich großartig finde, ist, dass Kinder in solchen Situationen immer wieder positive Impulse für die Erwachsenen schaffen. Ich habe in all der Zeit nur ein Mal gedacht, dass es vielleicht etwas drüber war, das war bei einer Beerdigung, wo recht viele Kinder anwesend waren und mir beim Aufbau halfen. Das hatte fast schon was von einer Kindergeburtstagsparty, und das war dann zu viel für die Erwachsenen. Aber eigentlich sind Kinder mit ihrem Mut und ihrer Naivität oft Vorbilder für die Großen, wenn es um den Umgang mit Tod geht. Kennst du eigentlich die *Sendung mit der Maus*-Folge über den Tod?

Wo der imaginäre Zwillingsbruder von Armin Maiwald stirbt? Ja.

Ralph Caspers

Da habe ich gelernt, dass sich Kinder beim Thema Tod ganz häufig eher für den technischen Aspekt interessieren. Also: Was passiert, wenn einer verbrannt wird? Wie verfault man eigentlich?

Ich finde das selbst superinteressant. So eine Urne hat eine Standardgröße. Aber es gibt große Menschen und kleine Menschen. Ist in der Urne immer die komplette Asche drin oder nur ein symbolischer Teil?

Laut Gesetz darf man in Deutschland die Asche nicht teilen. Wobei die meisten netten Bestatter es schon hinbekommen sollten, dir einen Teil abzuzweigen, wenn das gewünscht ist. Asche ist so ein komischer Begriff. Am Ende sind es die mineralischen Einlagerungen aus deinem Körper. Wenn Kinder oder Babys versterben und verbrannt werden, bleibt deshalb so wenig von ihnen übrig, weil sie noch so wenig von diesen Einlagerungen haben.

Eric: Bis zu einer gewissen Körpergröße gibt es spezielle Särge und Urnen für Kinder. Das Material, mit dem wir arbeiten, steht jedoch eher im Hintergrund. Wichtiger ist der Umstand, dass sich von sehr jungen Verstorbenen anders verabschiedet wird. Die Bereitschaft, den Bedürfnissen der Hinterbliebenen in der Trauer zu folgen, ist dort größer. Aus der Arbeit mit Abschieden von Kindern lernen wir für die Beerdigungen von Erwachsenen. Warum sollte nicht auch Omas Sarg bunt angemalt werden? Warum wird nicht auch bei Opas Beerdigung gemeinsam getanzt oder gesungen?

Kennst du eigentlich die »Charta für trauernde Kinder«?

Ich glaube nicht.

Ich lese dir mal die Überschriften vor, die finde ich phänomenal. Erstens: Angemessene Information. Zweitens: Mit einbezogen sein. Drittens: Die Familie mit einbeziehen. Viertens: Mit anderen Betroffenen zusammenkommen. Fünftens: Erzählen, was passiert ist. Sechstens: Gefühle ausdrücken. Siebtens: Nicht Schuld daran sein. Achtens: Die gewohnte Routine beibehalten. Neuntens: Reaktionen der Schule. Zehntens: Erinnerung.

Warum ist gerade Punkt acht so wichtig?

Zum einen, um eine Struktur beizubehalten, die einem dann auch Halt gibt. Und zum anderen: Wenn zu Hause alles traurig ist, ist es wichtig, einen Ort zu haben, wo eine andere Stimmung herrscht.

Aus eigener Erfahrung weiß ich, dass gerade Punkt neun oft Probleme birgt, weil Lehrkräfte damit schlicht überfordert sind.

Es geht vor allem erst mal darum, das Kind zu fragen, was es jetzt möchte, was ihr oder ihm guttut. Möchtest du, dass wir offen darüber reden, oder sollen wir es lieber lassen? Um dann zu signalisieren: Das, was du möchtest, ist der Königsweg. Wir werden also nichts machen, was dir nicht gefällt.

Punkt zehn: Trauernde Kinder haben das Recht, die verstorbene Person für den Rest ihres Lebens in Erinnerung zu behalten, wenn sie dies möchten. Frage an dich: Was würdest du dir heute wünschen, was damals, als dein Vater starb, anders verlaufen wäre?

Ich hätte gerne so eine Erinnerungskiste, wie es die Kinder bei »TrauBe« machen. Das ist wie eine Art Schatzkiste: T-Shirts, Fotos, Parfüm, alles ist möglich. Ich habe ein oder zwei Fotos von meinem Papa, mehr nicht. So eine Kiste muss man sich nicht jeden Tag anschauen, aber einfach zu wissen, dass es da diesen Schatz gibt, den man sich jederzeit anschauen kann, ist sehr wertvoll. Das war das Schwierigste für mich: dass ich komplett loslassen musste, weil ich mich an nichts festhalten konnte. Aber ich weiß auch, dass es nicht anders geht. Und deshalb habe ich mich damit arrangiert.

> *Charta für trauernde Kinder und Jugendliche*
>
> *1. Angemessene Information*
> Trauernde Kinder haben das Recht, Antworten auf ihre Fragen zu bekommen sowie Informationen, die deutlich erklären, was passiert ist, weshalb dies so war und was als Nächstes geschehen wird.
>
> *2. Mit einbezogen sein*
> Trauernde Kinder sollten gefragt werden, ob sie mit einbezogen werden möchten in wichtige Entscheidungen, die auch auf ihr Leben Auswirkungen haben werden – wie etwa Planung der Beerdigung, Gestaltung der Jahrestage.
>
> *3. Die Familie mit einbeziehen*
> Trauernde Kinder sollten Unterstützung in der Art erhalten, dass der Vater und/oder die Mutter mit einbezogen wird und gleichzeitig die Vertraulichkeit für das Kind gewahrt bleibt.

4. Mit anderen Betroffenen zusammenkommen
Trauernden Kindern kann es guttun, wenn sie Gelegenheit erhalten, anderen Kindern zu begegnen, die ähnliche Erfahrungen gemacht haben.

5. Erzählen, was passiert ist
Trauernde Kinder haben das Recht, ihre Geschichte auf verschiedenste Art zu erzählen. Sie haben das Recht, dass diese Geschichte angehört, gelesen oder angeschaut wird von den Menschen, die ihnen wichtig sind. Die Geschichte kann beispielsweise durch Malen, Fingerpuppen, Briefe und Worte erzählt werden.

6. Gefühle ausdrücken
Trauernde Kinder sollten unbefangen alle Gefühle ausdrücken können, die mit der Trauer verbunden sind, zum Beispiel Wut, Niedergeschlagenheit, Schuldgefühle und Angst. Sie sollten dabei unterstützt werden, dies in angemessener Weise zu tun.

7. Nicht Schuld daran sein
Trauernde Kinder sollten nach einem Verlust wissen, dass sie nicht verantwortlich für den Tod sind und keine Schuld daran haben.

8. Die gewohnte Routine beibehalten
Trauernden Kindern sollte es möglich sein, ihren früher geliebten Aktivitäten und Interessen auch weiterhin nachzugehen.

9. Reaktionen der Schule
Trauernde Kinder können es als sehr wohltuend empfinden, eine angemessene und positive Reaktion von ihrer Schule zu erhalten.

10. Erinnerung
Trauernde Kinder haben das Recht, die verstorbene Person für den Rest ihres Lebens in Erinnerung zu behalten, wenn sie dies möchten. Dazu kann gehören, dass man gute und schlechte Erinnerungen noch einmal lebendig werden lässt, sodass die Person ein selbstverständlicher Bestandteil der weiteren Lebensgeschichte des Kindes wird.

Ralph Caspers wurde 1972 in Borneo geboren – seine Eltern waren nach Indonesien gezogen, um für die Hilfsorganisation Orangutan Foundation International (OFI) Orang-Utans großzuziehen. Caspers wuchs in Berlin-Spandau, Caracas, am Amazonas, in Köln und im Rhein-Sieg-Kreis auf. Als er fünfzehn Jahre alt war, starb sein Vater. Nach seinem Abitur arbeitete er kurzzeitig in der Pathologie, von 1997 bis 2002 studierte er an der Kunsthochschule für Medien in Köln. Über die Arbeit für die Gameshow Geh aufs Ganze!, *für die er sich Spiele ausdachte, wurde er fürs Fernsehen entdeckt und moderierte bereits 1995 seine erste Sendung:* Muhh – Das Tiermagazin. *Seinen Durchbruch schaffte er als Moderator von* Die Sendung mit der Maus, *von 2001 bis 2022 moderierte er das Wissensmagazin* Wissen macht Ah!, *für das er auch Drehbücher verfasste. Caspers, Preis-*

träger diverser Medienauszeichnungen und Träger des Bundesverdienstkreuzes für sein Engagement für die Bildung, hat mehrere Bücher geschrieben und unterstützt als Botschafter verschiedene gemeinnützigen Projekte und Stiftungen. Einmal war er bereits kurz tot: Um zu zeigen, wie einfach es sein kann, seinen eigenen Tod zu fingieren, ließ er eine Todesanzeige im Kölner Stadtanzeiger *veröffentlichen und bei Wikipedia sein Todesdatum eintragen: 25. August 2013.*

Der Schriftsteller **Sebastian Fitzek** über das, was bleibt

»Was auf meinem Grabstein stehen soll? Vielleicht meine Handynummer.«

In den Büchern von Sebastian Fitzek sind schon sehr viele Menschen gestorben. Auch mit seinem eigenen Tod hat sich der erfolgreiche Schriftsteller bereits literarisch beschäftigt. Im Gespräch mit Eric verrät er, wie er die Schicksalsschläge seines Lebens in seinen Büchern verarbeitet, warum er seinen Kindern schon zu Lebzeiten mit auf den Weg gegeben hat, was er ihnen immer schon mal sagen wollte, warum Fische nicht auf Bäume klettern können und weshalb er sich vielleicht lieber doch nicht verbrennen lassen möchte. Wer ihn zu diesen Fragen auf dem Handy erreichen möchte, muss dafür allerdings bis nach seinem Tod warten.

Eric Wrede: **Wenn sich ein Mann mit dem Tod und seinen vielen verschiedenen Facetten auskennt, dann du. Was mir an deinen Büchern auffällt: Es geht in den Thrillern zwar um Morde und die Aufklärung der Taten, aber bei dir scheinen die Menschen, die darunter leiden, häufiger im Fokus zu stehen als bei anderen Autorinnen und Autoren. Aus welchem Erfahrungsschatz bedienst du dich dabei?**
Sebastian Fitzek: Ich habe im Laufe der Zeit festgestellt, dass mich Mörder oder Serienkiller gar nicht so sehr interessieren, sondern eher die Opfer. Außerdem ist es seit Hannibal Lecter

eh unmöglich, noch einen originären Psychopathen zu kreieren. Der häufige Blick auf die Opfer hat dazu geführt, dass irgendwann der WEISSE RING auf mich zukam und ich mich seitdem in der Opferhilfe engagiere.

Woher kommt dieses besondere Interesse?

Das war keine bewusste Entscheidung, aber ich habe recht früh entsprechende Erfahrungen machen müssen. Mein bester Freund starb sehr früh als Folge eines psychischen Leidens. Und meine Mutter litt an einer Bluterkrankung, am Ende starb sie an einem Stammhirninfarkt. Diese Themen tauchen immer mal wieder in meinen Büchern auf. Ich habe mich generell schon immer für Menschen interessiert, und Menschen leiden leider sehr häufig.

Meine Erfahrung zeigt, dass Gefühle wie Trauer durch den Verlust von geliebten Menschen erst mal erlernt werden müssen. Menschen, die noch nie jemanden verloren haben, reagieren anders als Menschen, die sich damit bereits auskennen. Fließen deine Erfahrungen auch in die Figuren ein, die du in deinen Geschichten erschaffst?

Der Tod meines Freundes eher unbewusst. Sein Schicksal habe ich, ohne es zu wollen, in meinem ersten Buch *Die Therapie* verarbeitet. Erst als ich das Bekannten zu lesen gab, die von seiner Geschichte wussten, stellte ich fest, wie sehr er in diesem Buch eine Rolle spielt. Das Unterbewusstsein ist ohnehin ein guter Co-Autor. Wenn sich Figuren beim Schreiben erst entwickeln und aus reellen Erfahrungen zusammengebaut werden, spüren das die Leser.

Selbst Menschen, die sich noch nie künstlerisch ausgedrückt haben, machen ja genau das: die Trauer auf diese Art

zu verarbeiten. Ich empfehle oft das klassische Trauertagebuch als Unterstützung für Angehörige. Gerade für Männer ist das häufig eine gute Hilfe, ihre Gefühle auszudrücken.

Absolut. Manchmal findet man nicht das richtige Ventil, und dabei kann dann das Schreiben helfen. Wenn ich nachts wach liege, nicht einschlafen kann und vor mich hin grübele, setze ich mich manchmal an den Schreibtisch und schreibe eine E-Mail – ohne sie abzuschicken. Das hilft meistens. Nicht nur dabei, dass man die Gedanken sortieren kann, man wird auch müde. Deshalb bin ich mir sehr sicher, dass das auch in der Trauerarbeit helfen kann. Wobei ich mir als Familienvater oft die Frage stelle, wie es wohl Eltern geht, die ihr Kind verloren haben. Das ist so groß, so mächtig, wie soll man das wirklich verarbeiten können?

Eric: Sebastian legt hier seinen Finger in eine der schlimmsten Wunden. Als Elternteil seine Kinder zu verlieren, gehört zu den schmerzhaftesten Vorstellungen von Verlust. Wobei ich mir nicht anmaßen will, da eine Rangfolge aufzustellen. Wie soll man die unterschiedlichen Formen von Verlusten gegeneinander aufwiegen?

Wichtig ist, dass Trauer gelebt werden muss. Und dafür muss man aktiv werden. Das ist für Menschen, die sonst keinen oder einen schlechten Zugang zu ihren Emotionen und Gefühlen haben, gerade zu Beginn oft schwierig, zeigt aber schnell Erfolge. Das Geheimnis ist hier, den richtigen Weg zu finden. Vielleicht fängt unser Opa nach dem Tod seiner Frau nicht an, seinen Schmerz in Gedichte zu gießen, aber er kann gut erzählen, und da reicht es schon, wenn ihm jemand zuhört.

Für Trauerfeiern versuche ich gerne, die Angehörigen und Freunde davon zu überzeugen, ein paar persönliche Worte zu teilen. Oft kommt dann als Antwort: Ich weiß gar nicht, wo ich anfangen soll. Da rate ich meist dazu, einen Brief an die Verstorbenen zu verfassen. Extremfälle sind noch einmal etwas anderes. Ich muss an den Fall einer Teenagerin denken, die an ihrem Geburtstag verschwand und vierzehn Tage lang als vermisst galt. Letztlich kam raus, dass sie sich das Leben genommen hatte. Da reichen selbst unterstützende Maßnahmen oft nicht aus. Doch in diesem Fall konnte der Bruder zumindest einen Teil seiner Emotionen verschriftlichen: seine Wut auf die Schwester, die auf einmal nicht mehr da war.

Was ich von dir wissen möchte: Du bist als bekannter Autor eine Person des öffentlichen Lebens und hast viele Fans. Auch die werden trauern, wenn du mal nicht mehr da bist. Ist sich deine Frau dieses besonderen Umstands bewusst? Dass da auch fremde Menschen trauern werden, während sie selbst tief in der Trauer steckt?

Vermutlich wäre sie eher überrascht davon, falls es öffentliche Reaktionen geben sollte. Ich habe immer versucht, meine Prominenz, so gut es geht, aus meinem Familienleben rauszuhalten. Als Autor ist das auch nicht ganz so schwierig, da bleibt man eher eine gesichtslose Person im Hintergrund. Ich mag das sehr, weil es mir dabei hilft, einen halbwegs normalen Alltag zu haben. Ich kann meine Kinder auf eine öffentliche Schule schicken, und bei Restaurantbesuchen muss ich mich nicht immer fragen, ob wir den schönen Platz nur bekommen haben, weil ich Sebastian Fitzek heiße.

Wirst du tatsächlich so selten erkannt?
Eher so oft, dass ich mich noch darüber freuen kann. Und dann auch eher in einem Rahmen, in dem ich bereits damit rechnen kann, zum Beispiel auf der Buchmesse. Das ist der Vorteil als Autorin oder als Autor: Man kann sich in der Regel in der Öffentlichkeit verhalten, wie man möchte, und die eigene öffentliche Wahrnehmung weitestgehend selbst steuern. Ich glaube, selbst eine Joanne K. Rowling könnte unerkannt über den Ku'damm laufen.

Gleichzeitig gibst du in deinen Büchern viel von dir preis. Als Leser fällt es mir also recht leicht, eine Beziehung zu dir aufzubauen.
Das stimmt, und da ich in meinen Büchern auch immer meine E-Mail-Adresse angebe, führe ich mit einigen Leserinnen und Lesern einen regen Mail-Austausch. Zum Beispiel mit Menschen, die selbst mit Schicksalsschlägen zu kämpfen hatten und mich als eine Art Vertrauensperson sehen. Allerdings stelle ich dann jedes Mal klar, dass ich kein Therapeut bin und kein Psychiater. Ich kann ihnen nur sagen, wie ich die Dinge sehe. Daraus haben sich schon Verbindungen aufgebaut, die allerdings an der Oberfläche bleiben. Das unterscheidet sich sehr von den Erfahrungen, die ich während meiner Zeit beim Radio gemacht habe. Da haben uns die Hörer teilweise vor dem Ü-Wagen über den Haufen gerannt. Lesende haben eine andere, wesentlich höflichere und respektvollere Distanz.

Du hast vier Kinder. Wenn du mal sterben solltest, werden die es mit zwei Nachlässen zu tun haben: dem ihres Vaters und dem des Autors Sebastian Fitzek. Wie gehst du damit um?

Vor einigen Jahren stand ich mal wieder auf einem Flughafen und bekam einen Anruf von meiner damaligen Frau. Die machte sich bei meiner Vielfliegerei Sorgen und fragte mich, ob ich eigentlich schon mein Testament aufgesetzt hätte. Im Flugzeug dachte ich: Na ja, was mit meinem materiellen Nachlass passiert, muss ich nicht groß regeln, dafür gibt es ja Gesetze. Aber was ist mit all den anderen Dingen, die ich meinen Kindern gerne mit auf den Weg geben würde? Daraus ist dann die Idee für das Buch *Fische, die auf Bäume klettern* entstanden, in dem all das steht, was ich ihnen noch sagen möchte, falls ich morgen sterben sollte.

Woher stammt der Titel?

Albert Einstein hat mal gesagt, dass jeder Mensch ein Genie ist. Aber wenn man einen Fisch danach bewerten würde, ob er auf einen Baum klettern kann, würde man ihn immer für dumm halten. Manchen Menschen wird außerdem gesagt, sie wären ein Fisch und dürften nicht auf Bäume klettern, bis sie dann irgendwann auf einem Baum hocken und feststellen, dass sie gar kein Fisch sind.

Worum geht es in dem Buch?

Ein Kapitel beschäftigt sich unter anderem mit den Masken, die wir alle im Alltag tragen. Auch in Büchern sind gerade die Personen besonders interessant, die nach außen hin etwas vorspielen, was sie eigentlich gar nicht sind. Und je größer die innere Zerrissenheit, desto größer die Anstrengungen, diese Maske auch zu bewahren. Wie die eigene Maske aussieht, kann man am besten herausfinden, indem man sich mit dem größten Vorurteil beschäftigt, das einem bislang begegnet ist. Mir passiert es häufig auf Partys, dass mir Menschen sagen: Du siehst

gar nicht so aus, wie ich mir einen Psychothriller-Autor vorgestellt habe. Dafür bedanke ich mich jedes Mal artig. *(Lacht.)*
Welche Botschaft möchtest du deinen Kindern damit auf den Weg geben?
Vielleicht dass sie den Mut finden, sich nicht Masken zuzulegen, von denen sie glauben, dass sie anderen gefallen. Der Schauspieler Sean Penn hat vor Jahren gesagt, dass sich immer weniger Menschen trauen herauszufinden, wer sie wirklich sind. Und die, die es herausgefunden haben, werden von der Mehrheit der Masse dafür abgestraft.

Eric: Wie sinnvoll es ist, offen über das Lebensende zu sprechen, zeigt sich hier erneut ganz deutlich. Einige Jahre nach unserem Interview hat Sebastian das erwähnte Buchprojekt tatsächlich in die Tat umgesetzt. Seine Antworten faszinieren mich, weil sie einen Nerv treffen: Finanzielle Dinge lassen sich oft recht einfach regeln. Aber wie möchte ich über meinen Tod hinaus wirken? Wie sollen sich die Menschen an mich erinnern? Was möchte ich ihnen noch mit auf den Weg geben?

Wo er allerdings irrt, ist der Umgang mit dem eigenen Nachlass. Gerade wenn Menschen von mir abhängig sind, muss ich mich damit beschäftigen, was passiert, wenn ich sterbe oder nicht mehr eigenständig agieren kann. Ich habe schon viele Menschen begleitet, die aus allen Wolken gefallen sind, als sie feststellen mussten, was die gesetzlichen Regelungen eigentlich vorsahen. Im Idealfall beschäftigt man sich damit schon in jungen Jahren. Wie sichere ich meine Familie ab? Wie mein Unternehmen? Wo sollen die Kinder leben, falls beide Eltern sterben? Meine Frau und ich haben über ein Jahr gebraucht, um alle Eventualitäten zu durchdenken und zu klären. Mein erstes Buch

Über das, was bleibt

habe ich 2018 mit meinem Testament eröffnet. Erwähnte ich bereits, dass das inzwischen seine Gültigkeit verloren hat?

Ich habe lange in der Musikindustrie gearbeitet, um dann einen ganz anderen Lebensweg einzuschlagen. Das Spannende daran war nicht, wie ich damit umgegangen bin, sondern die anderen. Ich habe oft erlebt, dass selbst Menschen, die mich schon länger kennen, nicht genau wussten, wie sie mir begegnen sollten, nachdem aus dem Typen aus der Unterhaltungsindustrie ein Bestatter geworden war. Vielleicht weil sie nicht glauben konnten, dass hinter der Musikindustrie-Maske noch ein Gesicht steckte, das sich mit viel ernsteren Themen befasst.

Uns Menschen eint die Angst vor dem Aufbruch. Wir wollen gerne verreisen, wollen gerne in neue Welten eintauchen, aber selbst würden wir niemals mit Clarice Starling (die von Jodie Foster verkörperte FBI-Agentin in *Das Schweigen der Lämmer*) tauschen wollen. Gleichzeitig lieben wir es, ihr aus unserer bequemen Position zuzurufen: »Geh in den Keller, geh zu Hannibal Lecter!«

Du meinst, wir benötigen Ersatzhandelnde, die für uns den Aufbruch und das Neue wagen?

Deswegen funktionieren Geschichten so gut. Durch Geschichten können wir völlig gefahrlos verreisen und in neue Welten eintauchen, ohne dafür unser eigenes Leben verändern zu müssen. Gleichzeitig kann uns ein gutes Buch, ein guter Film dazu inspirieren, doch etwas an unserer Existenz zu ändern. Und diese Veränderung, dieser Stein, den man ins Wasser wirft, kann erstaunliche Reaktionen bei anderen Menschen auslösen. Und was ich meinen Kindern mitgeben möchte: Habt keine Angst, diesen Stein zu werfen, und passt euren Wurf nicht den möglichen Reaktionen an. Früher haben sich maximal Politikerinnen und Politiker darüber Gedanken gemacht, wie sie einen Satz formulieren, damit er ihnen nicht am nächsten Tag um die Ohren gehauen wird. Heute verwenden schon zwölfjährige Mädchen viel Energie darauf, sich möglichst unantastbar zu präsentieren.

Was ich in unserer Arbeit immer wieder erlebe: dass Menschen nach einem Todesfall sehnsüchtig nach Puzzleteilen suchen, nach Schnipseln aus dem Leben des oder der Verstorbenen. Wer war eigentlich mein Vater? Meine Mutter? Mein Ehepartner? Das führt oft dazu, dass Hinterbliebene Einsicht in Dokumente oder festgehaltene Gedanken bekommen, die eigentlich nie für ihre Augen bestimmt waren. Willst du, dass deine engen Menschen wirklich alles über dich wissen, wenn du mal nicht mehr da bist?

Um Gottes willen, nein! Auch das ist für mich der Fluch des Internets, dieser gigantischen Gedankenlesemaschine. Aus irgendeinem Grund vertrauen die Menschen diesem Monstrum selbst die intimsten Sachen mit Klarnamen an. Früher, auf dem Schulhof, da konnte man nur ahnen, warum mich Christian und seine Clique nicht mochten. Heute erfahre ich die Antwort bis ins letzte Detail. Und das ist viel schlimmer, als es lediglich zu ahnen.

Interessant ist, dass jeder anders trauert und dadurch Verstorbene ganz anders wahrgenommen werden, selbst von engen Familienmitgliedern. Hast du eigentlich einen

klar definierten Wunsch, was mit dir passieren soll, wenn du mal sterben solltest?

Ich habe da eine Idee, was auf meinem Grabstein stehen sollte. Nur meine Handynummer, mehr nicht. Und wer die Nummer anruft, bekommt eine automatische Ansage, dass ich gerade verhindert sei, man mir aber eine Nachricht auf meine Mailbox sprechen könne. Und die möchte ich dann automatisch im Internet veröffentlichen. Allerdings ist es oft so bei diesen Gedanken: Ich denke sie nicht immer zu Ende. Denn wer zahlt eigentlich dann meine Mobilfunkgebühren? Und wer kümmert sich darum, die Monologe meiner verhaltensauffälligen Freunde zu löschen, wenn sie mal wieder zu viel getrunken haben?

Was mich bei einem Autor interessiert: Wenn du morgen sterben solltest und deine Frau an deinen Rechner geht ...

... müsste Sie erst mal meinen Browserverlauf löschen! *(Lacht.)* Nein, so schlimm ist es nicht. Außerdem könnte ich das alles mit Recherche rechtfertigen.

Mir ging es eher um deinen künstlerischen Nachlass.

Auch deshalb habe ich dieses Buch geschrieben. Nicht nur für meine Kinder, auch für mich selbst. Um mich festzulegen, was mal bleiben soll. Das ist allerdings ein ziemliches Problem. Was ist, wenn ich alles fein säuberlich in meinem Testament festhalte, was veröffentlicht werden darf und was nicht, um dann kurz vor meinem Tod mein Vermögen in Las Vegas zu verpulvern, und meine Frau mit meinen Kindern in einem nicht abbezahlten Haus sitzt und die einzige Chance, den Kredithaien zu entkommen, genau das unveröffentlichte Manuskript ist, das ich im Testament erwähnt habe? Schwierig.

Wichtige Frage: Verbrennen oder Erdbestattung?
Da bin ich zwiegespalten. Einer meiner Gedanken beschäftigt sich dabei mit der Frage, ob es nach dem Tod vielleicht doch irgendwie weitergeht und ob ich dann ein Problem bekomme, weil ich meinen Körper habe verbrennen lassen und ein Leben nach dem Tod damit nicht mehr möglich ist. Und was ist mit dem Energieerhaltungssatz, also der Tatsache, dass Energie immer erhalten bleibt? Wenn ich verbrannt werde, hat diese Energie doch gar keinen Nutzen. Wenn ich allerdings unter der Erde liege und von Würmern zerfressen werde, wäre das vermutlich sinnvoller …

Da muss ich mich kurz dazwischenschalten: Du würdest in zwei Meter Tiefe begraben liegen, und da kommen die Würmer nicht an dich ran.

Wieder was gelernt.

Ich finde dabei noch einen anderen Aspekt wichtig. Deiner Frau würde ich nach deinem Tod zum Beispiel raten, darüber nachzudenken, wie deine Kinder mit deiner Form der Bestattung umgehen würden. Die Abstraktion »Papa hat eben noch gelebt, lag dann im Krankenhaus, ist jetzt tot, und seine Reste sind in einer Drei-Liter-Urne« ist für kleine Kinder sehr schwer zu greifen. Verbrennen ist eine unserer Urängste, die Wirkung sollte man nicht unterschätzen. Für die Erdbestattung spricht, dass du damit zwei bis drei Quadratmeter Grün in Berlin bewahren würdest.

Dann habe ich noch einen Grund mehr, darüber nachzudenken.

Eric: Leider konnte Fitzek darauf nicht mehr eingehen, deshalb dieser Halbsatz. Könnten wir die Natur mit Zahlen zum Faktor Grün erhalten? Wie lange bleiben diese Quadratmeter unangerührt? Darf man jemals wieder auf einer Fläche, die mal Friedhof war, bauen? Gibt es schon nachhaltige Zahlen dazu, wie klimaschonend welche Bestattungsvariante ist?

Mit diesen Fragen beschäftige ich mich in meiner Arbeit dauerhaft. Wie findet man die richtige ökologische Balance zwischen nachhaltiger Bestattung und dem Wunsch nach Individualität? Trotz sehr moderner Methoden, wie zum Beispiel der Kompostierung, hat mich noch keine der bei uns in Deutschland erlaubten Möglichkeiten überzeugt. Der Teufel steckt im Detail, so grün man auch denkt. Die aktuell sauberste Variante, die Lavation, bei der ein Großteil des Körpers in einer Lauge aufgelöst wird, die man dann anschließend bedenkenlos im städtischen Abwasser entsorgen kann, während lediglich die gemahlenen Gebeine beigesetzt werden, ist, Stand jetzt (Mai 2024), in Deutschland noch nicht erlaubt. Allerdings würde ich dabei – zumindest aus heutiger Sicht – auch meine Grenzen erreichen. Ich möchte niemanden in Lauge auflösen.

Ich rate Angehörigen eher, das Pferd von hinten aufzuzäumen. Was könnt ihr euch vorstellen? Was habt ihr für Wünsche? Um dann zu schauen, wie man diesen Weg möglichst liebevoll und nachhaltig gestalten kann. Braucht es Blumen aus dem Ausland? Reicht nicht auch ein Sarg aus schnell nachwachsendem Holz? Müssen wir Teile der Asche mit einer Rakete ins Weltall schießen?

Zu deiner künstlerischen Hinterlassenschaft: Ich glaube, dass es wichtig ist, klare Worte zu finden, um seinen An-

gehörigen auch den Abschied zu ermöglichen, das Loslassen.
Ein gutes Ende ist wichtig. Das gilt für Bücher wie für das Leben.

Sebastian Fitzek wurde 1971 in Westberlin geboren. Er studierte zunächst Veterinärmedizin, dann Jura, promovierte mit einer Arbeit zum Urheberrecht und arbeitete anschließend als Chefredakteur und Programmdirektor für verschiedene Radioprogramme. 2005 erschien sein erstes Buch als Co-Autor über deutsche Namen, das zu einem Bestseller avancierte und Vorlage für das TV-Format »Deutschland – deine Namen« wurde. Seit 2006 schreibt Fitzek Psychothriller – jedes seiner Bücher wurde zu einem Bestseller. Bei seinen Lesungen geht der Schriftsteller und Vater von inzwischen vier Kindern oft ungewöhnliche Wege. Er las bereits in der Trauerhalle eines Bestattungsinstituts und in einem Hospiz.

Der Musiker und Schriftsteller **Sven Regener** über das Abschiednehmen

»Der Mensch ist ein melancholisches Tier, und er braucht seine Methoden, um damit umzugehen.«

Mit Grabsteinen und Friedhöfen kann Sven Regener nicht viel anfangen, und doch befasst er sich auch in seinem Werk mit der Kunst der individuell richtigen Erinnerungskultur. Als Musiker und Schriftsteller möchte Regener seinen Fans etwas bieten, das sie inmitten der eigenen, manchmal so todtraurigen Existenz vom Dasein ablenkt und Freude bringt. Im Interview spricht der gebürtige Bremer und Wahl-Berliner über die Seebestattung seines Vaters, Trauermethoden seiner Großmutter und die Vergänglichkeit der Kunst.

Eric Wrede: **Wenn dich jemand nach deinem Beruf fragt, was antwortest du der Person?**

Sven Regener: Ich sag immer: Musiker und Schriftsteller. Ich habe als Musiker angefangen und meinen ersten Buchvertrag auch nur deshalb bekommen, weil ich durch Element of Crime schon bekannt war. Als Autor sehe ich mich allerdings auch nur, wenn ich gerade tatsächlich an einem Buch schreibe. Bei einer Lesung zum Beispiel bin ich eigentlich schon Vortragender oder gar Schauspieler.

Ich habe mit meinen Kolleginnen und Kollegen interne Bestatter-Charts, welche Songs auf Beerdigungen am häufigsten gespielt werden. Bob Dylan und Nick Cave sind weit vorne, und vor allem in Berlin ist dann auch immer wieder Element of Crime sehr beliebt. Dabei habe ich euch eigentlich nie als morbide wahrgenommen. Vielleicht liegt es daran, dass eure Musik oft etwas Melancholisches an sich hat?

Oder einfach daran, dass die Person die Musik zu Lebzeiten gemocht hat. Als meine Tante starb, spielte jemand auf der Orgel Roger Whittaker. Nicht weil wir Angehörige das so toll fanden, sondern weil sie so ein Fan gewesen war. Wobei Musik ja an sich schon eine melancholische Kunst ist. Das ist bei unseren Songs auch oft der Fall.

Gab es schon mal die Anfrage, ob du oder ihr auf einer Trauerfeier auftretet?

Ja und nein. Aber ich könnte das vermutlich nicht so gut. Ich wurde mal auf einer Feier nach der Trauerfeier gefragt, wo bereits die Band 17 Hippies spielte. Aber da war ich schon zu betrunken, und mit zu viel Alkohol kann man keine Trompete mehr spielen. Ich könnte es allerdings auch deshalb nicht, weil ich auf Beerdigungen immer weinen muss.

Eric: Hier die inoffiziellen Beerdigungs-Charts, ausgewählt von meinen Kollegen und mir.
Die besten Songs:
  · Jimmy Scott – Nothing Compares 2 U
  · Johann Sebastian Bach – Ein Requiem (in voller Länge)

Über das Abschiednehmen

- Rainald Grebe – Für immer Punk
- The Beatles – Let It Be
- John Cale – I Keep a Close Watch

Die schlimmsten Songs:
- Roger Whitaker – Abschied ist ein scharfes Schwert
- Andreas Gabalier – Amoi seg' ma uns wieder
- Johann Sebastian Bach – Air

Was macht das mit einem, wenn man feststellt, dass die eigene Kunst so wichtig für andere Menschen war, dass sie selbst auf deren Beerdigung gespielt werden soll?
So eine Würdigung erhofft man sich. Man hat keinen Einfluss darauf, was mit der eigenen Kunst geschieht, was die Menschen daraus machen, wie sie es interpretieren. Deshalb nehme ich so was als Geschenk auf. Gleichzeitig darf man das auch nicht zu persönlich nehmen, denn die Musik ist am Ende stärker als man selbst. Es ist die Kraft der Kunst, die den Menschen etwas bedeutet. Letztlich geht es doch darum, dass man die Musik macht, bei der man selbst das Gefühl hat, dass es die richtige ist, die einen selbst bewegt und die man fühlt.

Auch nach so vielen Jahren als Musiker und Schriftsteller kannst du nicht sagen, welche Wirkung deine Kunst erzielt?
Vielleicht habe ich ein grobes Gefühl, aber das hat nichts zu bedeuten. Die Kunst ist kein Werkzeug, mit dem man irgendein bestimmtes Ergebnis erreichen kann. Was man als Künstler will, ist, dass sich die Leute damit etwas glücklicher fühlen. Dass es sie mit ihrer eigenen Existenz versöhnt. Die grundsätz-

liche Erfahrung eines jeden Künstlers ist doch, dass 98 Prozent der Menschen nichts mit deiner Kunst anfangen können. Rechne mal aus, zwei Prozent von achtzig Millionen Menschen sind 1,6 Millionen Menschen. Und da bewegen wir uns schon in einer Größenordnung von Herbert Grönemeyer. Sagen wir, da kommen bei so einem Star noch fünf Prozent dazu, dann bleiben immer noch 93 Prozent, denen seine Kunst egal ist oder die sie sogar richtig schlimm finden. Das heißt, selbst wenn du einer der bekanntesten Künstler bist, gibt es nur einen ganz kleinen Teil an Menschen, denen deine Kunst wirklich etwas bedeutet.

Was mir aufgefallen ist: Wenn bei uns auf Trauerfeiern Element of Crime läuft, dann meistens als letzter Song. Als Song, durch den man versöhnt und gestärkt aus einer Trauerfeier gehen kann.

Ich hatte neulich mal eine Gastprofessur in Kassel, allerdings auch nur für zwei Tage, und ich wählte das Thema Kunst und Humor beziehungsweise Humor in der Kunst. Die Frage, die man sich immer stellen muss, lautet ja: Warum macht man Kunst? Was ist die Idee von Kunst? Warum berührt das, was man macht, andere Menschen? Was wird ausgelöst? Warum haben die Steinzeitmenschen Bilder von sich beim Jagen an die eigenen Wände gemalt? Eine der Antworten darauf ist mit der Distanz zur eigenen Existenz zu beantworten. Der Mensch ist das einzige Lebewesen, das sich bewusst ist, dass es sterben wird. Das ist eine ziemlich anstrengende Bürde. Die Kunst verschafft dir für einen Moment Distanz zu diesem Schicksal, sie erlaubt dir einen Blick von außen auf das eigene Dasein.

Um zu vergessen oder kurz zu verdrängen?

Über das Abschiednehmen

Ich würde es eher als eine Art Urlaub von sich selbst nennen. Nehmen wir das Beispiel der Höhlenmenschen. Die zeichneten nicht nur sich, sondern auch die anderen Teilnehmer der Jagd, das verdammte Mammut, das deinen Nachbarn totgetrampelt hat. Das ist fast schon wie der Blick eines Gottes auf das eigene Ich. Oder wenn wir heute einen Roman aus dem 18. Jahrhundert lesen, uns also mit einem ganz fremden Leben aus einer ganz fremden Zeit beschäftigen. Das ist in dem Moment auch ein Urlaub von sich selbst. Eine wichtige Funktion, wie ich finde, fast schon so wichtig wie der Schlaf. Ich habe mehrere dieser Distanzmittel, und eines davon ist zum Beispiel Humor. »Zwischen Depression und Witzelsucht« war übrigens auch der Titel meiner Veranstaltung an der Uni. Sehr gelungen, wie ich finde.

Du musst ihn mir trotzdem erklären.

Na ja, Witzelsucht beschreibt Menschen, die gar nichts mehr an sich ranlassen, alles in Gags verpacken und damit ständig auf Distanz zu sich selbst sind. Auf der anderen Seite die Depressiven, die gar keine Distanz mehr zu dem haben, was mit ihnen passiert, und in einer extremen Humorlosigkeit gefangen sind, die sie dadurch natürlich auch anstrengend werden lässt. Und für sie selbst unerträglich ist. Ähnlich wie beim Schlaf, bei dem man inzwischen weiß, dass bei Schlafentzug zuerst psychische Probleme auftreten und erst danach körperliche.

Eric: Sven hat hier mein neues Lieblingswort entworfen: Witzelsucht. Trifft man leider viel zu oft und macht mir Angst. Die wichtigste Frage bleibt, wo die Grenze zu ziehen ist zwischen Trauer und Depression. Da eine Trennschärfe reinzubekommen, beschäftigt mich bei der Arbeit fast täglich. Menschen in Trauer brauchen eine andere Hilfe als jene, die Menschen mit einer Depression benötigen. Natürlich mischen sich beide Themen auch stark.

Die Universität Würzburg hat in einer Studie an verwitweten oder verwaisten Personen untersucht, wie man zwischen Trauer und Depression gut unterscheiden kann. Wer sie selbst lesen möchte: Joachim Wittkowski und Rainer Scheuchenpflug, »Evidence on the conceptual distinction of grief from depression: A multi-faceted analysis of differential validity«, in: *European Journal of Health Psychology*. (https://econtent.hogrefe.com/doi/10.1027/2512-8442/a000077)

Ich versuche mich an einer Zusammenfassung. Wesentlicher Unterschied sind die Inhalte der Gedanken, die äußeren Symptome ähneln sich häufig. Die kognitiven Beeinträchtigungen sind also kaum zu unterscheiden. Trauernde denken vor allem über die verstorbene Person, ihre Beziehung zu dieser Person oder über die Trauer an sich nach. Und sie können nach der intensivsten Phase eine Art persönliches Wachstum beobachten und dabei auch eine größere Empathie für andere Trauernde entwickeln, während bei einer Depression die Gedanken vorrangig um sich selbst und den eigenen Leidensdruck kreisen.

Für unsere Arbeit ist es ganz entscheidend, welche Gefühle und Lernerfahrungen wir im Verlust ermitteln können – und wie das dem trauernden Menschen weiterhilft.

Ist das auch dein Zugang zur Kunst? Dass du von außen auf die Dinge schaust? Ist das vielleicht auch eine Form der Selbsttherapie?

Alle meine Figuren in den Songs oder Büchern habe ich selbst geschaffen. Zusammengeknetet und Leben eingehaucht.

Und das Verrückte ist, dass die auch teilweise machen, was sie wollen. Ich habe noch nicht mal das Gefühl, dass ich die Kontrolle über sie habe, so lebendig kommen sie mir vor. Das Entscheidende ist aber der Wunsch eines jeden Künstlers, immer etwas Neues zu schaffen, etwas Neues in die Welt zu bringen, ständig etwas rauszuhauen und damit die Depression und die Melancholie ein Stück weit zurückzudrängen. Ich glaube, dass das bei ganz vielen Künstlern eine große Rolle spielt.

Hat der Künstler denn dabei automatisch ein Sendungsbewusstsein? Wird dem Höhlenmaler klar gewesen sein, dass irgendwann Sven Regener kommt und seine Kunst bewertet?

Es wird für den Höhlenmaler bestimmt okay gewesen sein, dass einfach nur für sich produziert zu haben. Gleichzeitig hat er bestimmt eine gewisse Befriedigung daraus gezogen, dass irgendwann die anderen Höhlenmenschen dazu kamen, sich sein Werk anschauten und sagten: Hey, das ist ja geil. Wobei es sicherlich auch genügend gab, die sich darüber beschwert haben, dass plötzlich ihre schöne Wand beschmiert wurde.

Du hast das Glück, dass deine Kunst so vielen Menschen gefällt, dass du davon leben kannst.

Klar, das ist der Idealfall. Wobei meine Bandkollegen und ich am Anfang auch alle andere Jobs hatten, um zu überleben. Ich hätte vermutlich auch dann produziert, wenn sich niemand dafür interessiert hätte. Das hat schon etwas Zwanghaftes. Ich werde nervös, wenn ich lange nichts produziere. Es hat eine gewisse Befriedigung, etwas Neues zu schaffen. Darin liegt allerdings auch das Problem als Künstler: nur einfach was machen, geht nicht. Es braucht immer erst eine Idee, immer eine Inspiration.

Spielt es nicht auch eine Rolle, etwas zu schaffen, was das eigene Leben überdauert? Kunst als Hinterlassenschaft für die Nachwelt?

Das ist bei mir tatsächlich nicht der Fall. Klar, das wäre auch eine Motivation. Dem Tod ein Schnippchen schlagen und etwas schaffen, was bleibt. Das kann man machen, finde ich allerdings geistlos. Wenn man tot ist, ist es doch eh völlig egal, was man vorher geschaffen hat.

Eric: Sympathisch kokett, der Herr Regener. Sven hat in seiner Karriere schon sehr viel geschaffen, und natürlich würde sich das darin widerspiegeln, wie sehr Menschen ihn und seine Kunst vermissen werden.

An sich mag ich den Gedanken, dass wir nackt zur Welt kommen und nackt von dieser Welt gehen. Doch der konservative Eric in mir sieht die Keule der Verantwortung über sich kreisen und macht sich durchaus darüber Gedanken, was er seiner Familie hinterlassen möchte. Etwas, mit dem sie dann auch weiterarbeiten und weiterleben können. Gleichzeitig weiß ich, dass man sich solche Gedanken eher dann macht, wenn man gesund ist. Im Angesicht des Todes verlieren diese Dinge ihre Relevanz. Ich lasse mich überraschen.

Bist du religiös?

Wenn überhaupt, dann auf einem sehr niedrigen Niveau. Meine Begabung zum Religiösen ist sehr unterentwickelt. Die Idee, etwas zu hinterlassen, ist die schlechteste Triebkraft für die Kunst. Weil man das gar nicht steuern kann. Man merkt schon zu Lebzeiten, dass Dinge, die man einst geschaffen hat, mit der Zeit verblassen. Man hat es nicht in der Hand zu bestimmen, was länger überdauert und was nicht. Ja, stimmt, Kunstwerke überdauern. *Vita brevis, ars longa* – Das Leben ist kurz, die Kunst ist lang. Da löst sich das Kunstwerk vom Künstler. Wenn ein Song noch fünfzig Jahre über den Tod seines Erschaffers hinaus gespielt wird, dann hat das im Zweifel nur noch bedingt mit dem Erschaffer zu tun, weil der Song vielleicht schon so oft gecovert worden ist, dass man schon gar nicht mehr sagen kann, wer das Teil eigentlich mal geschrieben hat. Und das ist auch völlig in Ordnung. Man darf das nicht durcheinanderbringen: das eigene Leben und das Überdauern der Kunst. Ich bin deshalb immer sehr dafür, sich selbst zurückzunehmen.

Was sehr sympathisch ist. Aber du weißt auch, dass viele Künstler diesen Schritt intellektuell nicht hinbekommen.

Das ist auch okay. Für mich ist das eher eine Neigungsfrage. Ich selbst habe keine Kapazitäten, mir über die Zeit nach meinem Tod Gedanken zu machen. Das bringt nichts. Jedenfalls nicht in Bezug auf Kunst.

Und gleichzeitig weißt du doch auch, dass du bereits Songs oder Bücher geschrieben hast, die dein Leben überdauern werden. Hast du dir schon ernsthaft darüber Gedanken gemacht, was mit deiner Kunst und den Rechten daran passieren soll, wenn du mal tot bist? Oder was ist mit unveröffentlichten Songs oder Manuskripten – darf deine Frau die posthum veröffentlichen?

Na ja, dazu möchte ich sagen: Lieber Franz Kafka, wenn du willst, dass man deine Romane nach deinen Lebzeiten vernichtet, dann mach es doch einfach selbst. Deshalb war Max Brod auch ein so guter Freund, weil er das nämlich nicht gemacht hat, sondern das Zeug veröffentlichen ließ. Und ich nehme an, dass der Kafka darauf spekuliert hat, sonst hätte er ja selbst Hand angelegt. Wenn ich tot bin, dann wird das, was ich bis dahin geschaffen habe, vererbt. Das ist doch schließlich auch die Grundidee von so einer Erbschaft. Der Gedanke daran, so ein Kontrollfreak zu sein, der selbst noch über seinen Tod hinaus in die Dinge eingreift, empfinde ich als ziemlich trostlos. Nach dem Motto: Jetzt ist der Kerl schon tot und nervt uns trotzdem immer noch mit dem, was er für richtig oder falsch hält. Ich weiß nicht, ob die Kunst von Bertolt Brecht deshalb so streng gehütet wurde, weil er es wollte oder seine Erben. Aber in meinem Fall denke ich mir: Mein Kram wird vererbt, und dann macht damit, was ihr wollt. Wenn ich ein Haus erbe, darf ich doch auch selbst entscheiden, ob ich es behalte, verkaufe oder anzünde.

Aber meine Frage ging ja weiter. Hast du mit deiner Familie beziehungsweise deinen potenziellen Erben besprochen, was mit deiner Kunst nach deinem Tod passieren soll? Sollen da vielleicht Manuskripte, die noch nicht beendet sind, auch nicht posthum veröffentlicht werden?

Nein. Wenn ich das nicht will, dann schmeiße ich das vorher weg. Ich finde die Idee, ein Testament aufzusetzen und noch vor dem Tod Ordnung zu schaffen, völlig okay. Gerade wenn man Kinder hat oder verheiratet ist. Aber man sollte da nicht zu sehr Kontrollfreak sein.

Für alle, die das nicht wissen: Du bist verheiratet und hast zwei Kinder.

Das stimmt. Und deshalb habe ich auch ein Testament gemacht. *(Lacht.)* Aber ich finde, dass man sich als Künstler nicht zu viele Gedanken über seine posthume Bedeutung machen sollte. Auch nicht über den Status, den man gerade als Künstler hat. Ich mache jetzt seit fast vierzig Jahren Musik, und die Anfänge als Schriftsteller sind auch schon wieder zwanzig Jahre her. Ich will nicht zu sehr in der Vergangenheit oder Zukunft denken. Ich will mich darüber freuen, mal wieder eine Platte zu machen. Einen Song zu schreiben oder eine Romanidee zu haben. Dieses ganze Veteranen- oder Statusdenken, das kann man machen, das ist nicht verboten, aber das führt zu nichts. Das ist nicht produktiv.

> Nach einer Umfrage der Online-Plattform Statista haben 66 Prozent der Deutschen zum Zeitpunkt der Befragung (August 2022) noch kein Testament gemacht. Zwanzig Prozent gaben an, über ein aktuelles Testament zu verfügen.

Eric: Thema Erbschaft, sehr wichtig! Ich bin in meinem Alltag immer wieder überrascht, wie wenig Menschen sich eigentlich um diese Fragen gekümmert haben. Selbst Menschen, die das dringend tun sollten. Menschen, die wissen, dass sie bald sterben, und – noch wichtiger – wissen, dass andere Menschen von ihnen in irgendeiner Form abhängig sind. Sie sind meiner Meinung nach dazu verpflichtet, Fragen in Bezug auf Vollmachten oder das Testament zu klären.

Wobei ich mein Wording dazu bereits abgeschwächt habe. Ich drücke den Menschen nicht die Pistole auf die Brust, sondern versuche eher, sie bei der Verantwortung zu packen. Denen sage ich: »Überleg doch mal für den Moment, ab dem du nicht mehr geschäftsfähig bist. Und sei es nur kurz. Wer hätte dann darunter zu leiden, weil du dich nicht darum gekümmert hast?«

Es bedeutet großen Stress, wenn plötzlich Konten nicht mehr zugänglich sind oder keiner den Überblick darüber hat, ob es irgendwo noch Schulden gibt. Das zu klären, ist sehr nervig, das weiß ich aus eigener Erfahrung. Aber es erspart den Hinterbliebenen wirklich eine Menge Ärger. Und führt dazu, dass man seine nächsten Menschen noch einmal ganz anders und neu kennenlernt. Wer übernimmt Verantwortung, wenn es wirklich darauf ankommt? Bei wem sind Diskussionen mit dem Rest der Familie zu erwarten? Ich zitiere da auch gerne meine Anwältin: »Bei denen, die alles geregelt haben, passiert auch nichts.« Ich hoffe sehr, dass sie recht behält.

Ich mag deine hanseatisch-abgeklärte Sicht der Dinge. Ich habe das Gefühl, dass sich diese Entspannung gen Süden hin immer mehr auflöst.

Oh, das kann ich nicht ganz bestätigen, weil ich zum Beispiel die Österreicher, insbesondere die Wiener, als ziemlich cool im Umgang mit solchen Dingen und Gedanken empfinde. Barocke Gleichgültigkeit trifft es wohl am ehesten, das finde ich schon großartig. Bei mir klingt es vermutlich auch so abgeklärt, weil ich als Bremer diesen norddeutschen Slang in der Stimme habe. Am Ende ist es doch eine individuelle Entscheidung, wie man mit seinem eigenen Nachlass umgeht. Ich mache auch niemanden den Vorwurf, der schon zu Lebzeiten sein Archiv ordnet, um es ins Literaturmuseum nach Marbach auszulagern. Aber ich persönlich empfinde das als ganz schön trostlosen und auch eitlen Akt. Manchen Menschen ist Ruhm und Nachruhm einfach wichtiger als anderen. Ich möchte, dass meine Romane gelesen und meine Songs gehört werden. Von möglichst vielen Menschen.

Wir haben über verschiedene Orte gesprochen, an denen du dich zu Hause fühlst. Wo wirst du beerdigt?

Puh, keine Ahnung. Ich nehme an, in Berlin. Da habe ich den größten Teil meines Lebens gelebt, es wäre schon komisch, wenn ich woanders begraben läge. Wobei auch immer noch die Seebestattung eine Möglichkeit sein könnte. Mein Vater hat damals eine Seebestattung bekommen. Wir sind rausgefahren auf die Nordsee, mir ist zwar ziemlich schlecht geworden, aber das war schon großartig und hatte einen speziellen Charme. Ich bin ein großer Freund von Trauerfeiern und Beerdigungen. Grabsteine oder Mahnmale mag ich nicht so, das gibt mir nicht so viel.

Eric: Die Gespräche mit meinen Interviewgästen werden immer dann besonders spannend, wenn sie ungefragt Dinge bestätigen, die wir schon seit längerer Zeit versuchen, einer breiteren Öffentlichkeit zugänglich zu machen. Wie dieses Thema: Abschiede an sich haben an Bedeutung gewonnen. Institutionalisierte Orte hingegen haben an Bedeutung verloren – wenn sie keine besonderen Angebote bereithalten.

Ich bin bei Sven, wenn es um die Frage nach Grab- oder Mahnmalen geht. Sie machen für mich nur Sinn, wenn es inhaltlich auch wirklich passt. Es gibt wahnsinnig talentierte Steinmetze, bei denen jeder Stein ein Unikat ist. Der klassische Standardstein ist meiner Meinung nach aus der Mode gekommen. Und wäre da ein simples

Kreuz aus Holz nicht ohnehin schöner und nachhaltiger? Nicht zu vergessen die hohen Kosten, die so ein Stein verursacht – gerade wenn er nicht von der Stange kommt und aus einem hochwertigen Material angefertigt ist.

Ich habe mal eine Familie begleitet, die ein wetterfestes Buch am Grab der verstorbenen Mutter ausgelegt hat, damit sich Besuchende dort verewigen können. Womit sie allerdings nicht gerechnet haben: Die Idee ging viral, längst haben wildfremde Menschen ihre Gedanken hinterlassen. Das wiederum ist doch eine lebendige Abschiedskultur, mit der kein Stein oder Grabmal mithalten kann.

Für dich ist also das Event entscheidend.

Das finde ich wichtig, da kann man weinen, die Reden hören und danach eine Party machen und die Trauer auf irgendeine Weise auch überwinden. Eine Art Zäsur, wo einem dann auch bewusst wird: Jetzt ist es vorbei. Wie bei typischen New-Orleans-Beerdigungen, wo auf dem Rückweg andere Musik gespielt wird als auf dem Hinweg. Die Idee, dass man einen Ort hat mit einem Stein drauf, den man besuchen kann, finde ich an sich großartig, ist aber nicht so meins. Ich bin zum Beispiel niemand, der gerne Gräber aufsucht.

Das passt zu deinem Konzept, das eigene Ich zurückzunehmen. Eine große Party schmeißen und dann raus auf die Nordsee.

Na ja, auf so einem Boot kann es ganz schön eng sein, deshalb auf der Nordsee lieber eine kleine Bestattung. Ich werde allerdings auch nicht vorab festlegen, wie meine Beerdigung aussehen soll, das mach ich nicht. Ich glaube, darum sollten sich lieber die Menschen kümmern, die dann auch anwesend sind. Was geht mich das an, ich bin dann tot. Die anderen müssen selbst einen Weg finden, wie sie am besten damit umgehen.

> Eine kleine Übersicht der größten und spektakulärsten Beerdigungen der Neuzeit:
>
> **Prinzessin Diana**
> Drei Millionen Menschen waren auf den Straßen Londons, als Lady Di am 6. September 1997 in der Westminster Abbey beigesetzt wurde. 2,5 Milliarden Menschen saßen weltweit vor den Fernsehern, ungezählt die Zahl der Tränen bei Elton Johns Abschiedshymne »Candle in the Wind« – ein Song, den er ursprünglich für Marilyn Monroe geschrieben hatte. In Deutschland ist »Candle in the Wind« mit 4,5 Millionen verkauften Exemplaren die meistverkaufte Single aller Zeiten.
>
> **Papst Johannes Paul II.**
> Eine ähnlich hohe Zahl an Trauergästen schaffte nur der Papst. Eine halbe Million Menschen nahm bereits am Tag der Aufbahrung, 4. April 2005, Abschied, drei Millionen Menschen kamen zur Totenmesse am 8. April auf dem Petersplatz zusammen. Dazu 200 Staats- und Regierungschefs, außerdem geistliche Vertreter verschiedener Religionen. Beigesetzt wurde Papst Johannes Paul II. unter Ausschluss der Öffentlichkeit in der Papstgruft des Petersdoms.

Mahatma Gandhi

Einen Tag nach der Ermordung Ghandis am 30. Januar 1978 durch einen fanatischen Hindu wurde der »Vater der Nation« beerdigt – begleitet von mehreren Hunderttausend Inderinnen und Indern.

Josef Stalin

Für die Menschheit war der Tod des grausamen Diktators am 5. März 1953 eine Erlösung. Zu seiner Beisetzung am 9. März kamen trotzdem 1,5 Millionen Menschen auf den Roten Platz. Im dichten Gedränge wurden etliche Trauergäste totgetrampelt. Wie passend für den Abschied eines der größten Menschenschlächters.

John F. Kennedy

Seine Ermordung am 22. November 1963 in Dallas ist bis heute von zahlreichen Mythen umwoben, die Hintergründe konnten nie vollständig aufgeklärt werden. Drei Tage später nahmen eine Million Menschen Abschied von Kennedy, darunter auch seine 98-jährige Großmutter. Weltberühmt wurde ein Bild des Fotografen Stan Stearns: Es zeigt den vor dem Sarg seines Vaters salutierenden John F. Kennedy jr.

Elvis Presley

Noch sagenumwobener ist der Tod des »King of Rock ›n‹ Roll«, der am 16. August 1977 im Alter von nur 42 Jahren auf seinem Anwesen Graceland tot aufgefunden wurde. Zwei Tage später wurde Presley neben seiner Mutter auf dem Friedhof Forrest Hill in Memphis, Tennessee, beerdigt. Weil Grabräuber versucht hatten, den Leichnam des Kings zu entwenden, bekamen die Erben die Sondergenehmigung, Presley im Oktober 1977 im Meditationsgarten von Graceland zu bestatten. Sein früheres Anwesen ist seitdem zu einer der bekanntesten Pilgerstätten der Popkultur geworden.

Also kein Leben nach dem Tod?
Na ja, das hat ja eher mit der Seele und nicht mit dem Körper zu tun.
Hängt von der Religion ab.
Es gibt einen Historiker namens Fustel de Coulanges, der in seinem Buch *Der antike Staat* beschreibt, dass die römische Zivilisation beziehungsweise ihre Entwicklung ganz stark damit zu tun hatte, dass sie an die Erde gebunden war, in der ihre Vorfahren bestattet lagen. Sie glaubten daran, dass ihre toten Vorfahren als Hausgötter weiterlebten, die man zum Beispiel durch Altäre gnädig stimmte und ehrte, also eine an Grund und Boden gebundene Spiritualität – während der ganze christliche Gedanke sehr viel durchgeistigter ist, mit der Seele im Himmel und einer sterblichen Hülle, also der Trennung, die man dabei vornimmt. Noch extremer in die andere Richtung gingen die alten Ägypter mit den mumifizierten Toten, die für die Ewigkeit bleiben sollten.
Ich muss gerade an Rio Reiser denken, der erst auf dem Bauernhof seiner Band Ton Steine Scherben begraben wurde, um dann exhumiert zu werden, damit er ein Ehren-

grab auf dem Friedhof in Berlin-Schöneberg bekommen konnte. Wer weiß, ob er das so gewollt hätte. Warst du mal an seinem Grab?

Nein. Ich kenne zwar den Friedhof, aber wie gesagt: Ich bin kein Grabgänger. Mein Vater ist vor über zwanzig Jahren gestorben. Und die Bindung zu ihm ist noch da, dafür brauche ich keinen Grabstein und auch nicht an die Nordsee zu fahren. Diese ideelle Verbindung entspricht am ehesten der Idee einer Seele.

Der Verlust deines Vaters spielt also bis heute eine Rolle für dich?

Ja klar. Ich glaube, das ist bei allen so. Man lebt immer mit den Menschen, die einem wichtig waren.

Das heißt, ihr hattet eine enge Verbindung zueinander?

Ja. Selbst wenn wir einen schlechten Draht zueinander gehabt hätten, wäre er heute noch ein Thema für mich. Wenn man Menschen, die man liebt, verliert, wird man immer mit ihnen weiterleben. Und zwar so lange, wie man selbst am Leben ist. Man vergisst sie nicht einfach. Und man braucht auch keinen Grabstein, um sich an sie zu erinnern. Bei meinen Großmüttern kann ich zum Beispiel noch nicht mal genau sagen, wo die begraben sind. Und wenn ich an meine Oma in Delmenhorst denke, dann denke ich ja nicht an einen Stein, sondern an ihre Wohnung in der Lachmannstraße.

Obwohl ich schon verstehen kann, dass Menschen Friedhöfe brauchen, um ganz bewusst einen Ort zu haben, um zu erinnern und zu trauern.

Versteh mich nicht falsch: Nur weil das in diesem Fall nicht für mich gilt, heißt das ja noch lange nicht, dass das für alle anderen Menschen auch das Richtige ist. Ich bin eben ein Freund von Bestattungen, der Trauerfeier und der Party danach. Für andere ist es sehr wichtig, dass sie einen Ort haben, den sie besuchen können, um an ihre Verstorbenen zu denken. Das ist eine reine Neigungsfrage. Das eine ist nicht besser als das andere. Meine Oma ist jeden Sonntag zum Huckelrieder Friedhof gefahren, um sich dort um das Grab ihrer Mutter zu kümmern. Ihrer Mutter, nicht ihres Vaters, das war ihr ganz wichtig. Der Mensch ist ein melancholisches Tier, und er braucht seine Methoden, um damit umzugehen. Deshalb ist es auch völlig legitim, jeden Sonntag auf einen Friedhof zu gehen. Genauso, wie Kunst zu machen oder Witze zu reißen oder Drogen zu nehmen. Es geht immer darum, eine Bewältigungsstrategie zu finden.

Eric: Strategie klingt so, als ob die Antworten vorher klar wären und man nur lange genug darüber nachdenken müsste. Ich wäre froh, wenn es so einfach wäre. Aber die Antworten liegen dennoch in den Menschen und ihren Ressourcen selbst, da bin ich total bei Sven. Aber wie genau diese Ressource aussieht, die Kraft gibt, wie es in der Würzburger Studie heißt, vielleicht sogar persönliches Wachstum zu ermöglichen, das muss jeder Betroffene im akuten Fall selbst herausfinden. Denn der wichtigste Punkt bleibt: Trauer ist keine Krankheit.

Wir können seit Jahrtausenden mit Verlusten umgehen. Was ich aber ziemlich gut beschreiben kann: welche Strukturen es braucht, um seine Strategie für Verlustmomente zu entwickeln. Und da haben wir aktuell eher ein gesellschaftliches Problem. Resilienz und Strategien für den Umgang mit ungewollten Veränderungen (schön euphemistisch als Beschreibung für einen Verlust) werden kaum noch benötigt außer im Ernstfall.

Und wenn Achim Rieger hier im Buch sagt: Sterben kann man nicht üben, so widerspreche ich zumindest ein bisschen, wenn es um Trauer geht. Denn den meisten von uns ist Trauer auch schon begegnet, bevor jemand in unserem Umfeld gestorben ist. Nur in anderer Form. Liebeskummer als kleine Schwester der Trauer, Probleme bei der Bewältigung von anderen Veränderungen in unserem Leben: Verlust des Jobs, Trennung der Eltern oder nur der erzwungene Umzug. All das sind Situationen, in denen man eine Ahnung bekommen kann, was uns in tiefster Trauer helfen könnte. Da finden wir erste Bausteine für »unsere« Strategie. Wenn das zusammenkommt mit einer Begleitung im Verlust, die uns die Freiheit lässt, nach diesen Strategien zu suchen, dann steht einer gesunden Trauer nichts im Weg.

Gesund heißt für mich: erstens den Verlust anzuerkennen, zweitens die Trauer nicht künstlich zu vermeiden und drittens perspektivisch einen Weg zu finden, wie man Kontrolle über die Trauer erreicht.

Geboren 1961 in Bremen, gründete Sven Regener *– Sänger, Gitarrist und an der Trompete – die Band Element of Crime. Der ehemalige Sekretär des Kommunistischen Jugendbundes Bremen war längst ein gefeierter Musiker, als er 2001 seinen ersten Roman veröffentlichte:* Herr Lehmann *verkaufte sich über eine Million Mal und wurde mit Christian Ulmen in der Hauptrolle verfilmt. 2004 erschien sein zweiter Roman: In* Neu Vahr Süd *lässt Regener seine Zeit bei der Bundeswehr Revue passieren. Es folgten weitere Bücher, 2013 lief* Hai-Alarm am Müggelsee *an, den*

Regener gemeinsam mit Leander Haußmann gedreht hatte. Im Herbst 2024 erscheint beim Galiani Verlag Zwischen Depression und Witzelsucht, *Regeners oben erwähnte Auseinandersetzung mit dem Humor in der Literatur. Regener, Mitbegründer des PEN-Berlin, lebt in Berlin-Prenzlauer Berg.*

Der Musiker und Autor **Flake** über Trauer

»Deutsche Friedhöfe machen mir Angst.«

Dieser Mann hat nicht nur ein Faible für große Auftritte, sondern auch für alte Autos. Rammstein-Keyboarder Flake fährt gerne schnelle Leichenwagen, schreibt Bücher über sein verrücktes Leben und hat sich schon viele Gedanken über seinen Tod gemacht. Die Grabstelle ist längst gekauft – auch wenn der Berliner mit der Spießigkeit auf klassischen Friedhöfen nur wenig anfangen kann. Im Gespräch mit Eric geht es um den richtigen Abschied und wie man es schafft, sich als Toter nicht zu wichtig zu nehmen.

Eric Wrede: **Flake, du bist zu diesem Gespräch standesgemäß mit einem französischen Leichenwagen vorgefahren. Was ist das für ein Auto?**

Flake: Ein Citroën XM Break, ein verlängerter Kombi, der als Leichenwagen verwendet wurde. Der Legende nach wurden damit vor allem Opfer von Autounfällen zum Friedhof gebracht, weil der Wagen 200 Stundenkilometer schafft und damit einer der schnellsten Leichenwagen ist, der je gebaut wurde.

Du hast ein Faible für alte Autos. Wie alt müssen die sein?

Ich fahre am liebsten Fahrzeuge, die nicht ganz das staatlich anerkannte Mindestalter für Oldtimer erreicht haben. Also knapp unter dreißig Jahren. Die fristen eine Art Schattendasein und sind deshalb oft spottbillig. Wobei ich mit dem Alter auch recht flexibel geworden bin. Früher hätte ich nie gedacht, dass ich mal Autos besitzen werde, die neuer sind als ein Mercedes W 123. Aber dieser Citroën ist Baujahr 1991, die alte Regel ist längst gebrochen.

Woher kommt deine Liebe zu alten Autos?

Ich denke, das hat mir mein Vater mitgegeben. Der fuhr selbst jahrelang einen Dixi von 1928. Ich habe irgendwann damit angefangen, alles vermeintlich Moderne abzulehnen. Was modern ist, wird automatisch unmodern. Was einmal gut ist, wird immer gut bleiben. Ich glaube, die Menschen haben irgendwann begonnen, die Dinge so billig wie möglich statt so gut wie möglich zu bauen. Und ich will nicht jeden Trend mitmachen. Ich entwickle mich gerne weiter mit den Dingen, die mich umgeben. Aber die Dinge um mich herum müssen sich nicht zwingend weiterentwickeln.

> Die Geschichte der Leichenwagen ist mehrere Tausend Jahre alt. Schon im alten Ägypten wurden die Verstorbenen mit einer Totenbarke über den Nil gefahren und an Land auf einen Schlitten gesetzt. Im Indien der Antike wiederum wurden Leichen getragen, allerdings gibt es auch Bildnisse, die einen von zwei schwarzen Ochsen gezogenen Wagen zeigen. Ähnliche Bilder kennt man aus dem alten Griechenland, der vermutlich bekannteste Leichenwagen der Antike wurde zu Ehren Alexander des Großen hergestellt: ein goldenes und mit Edelsteinen verziertes Gewölbe, zweiachsige vierrädrige

Wagenkästen mit Reifen aus Gold und Glocken, die den Wagen ankündigten – so groß wie der Mann gelebt hatte, so eindrucksvoll wurde er beerdigt. Zweiunddreißig Tiere waren notwendig, um diesen Riesenleichenwagen zu bewegen.

Im Mittelalter wurden Leichenwagen aus landwirtschaftlichen Ackergeräten wie der Egge gebaut, später funktionierte man die Wagen so um, dass Kerzen auf sie aufgesteckt werden konnten, um sie in die Kirchen ziehen zu können. Während zunächst nur der Sarg auf den Wagen gelegt wurde, kamen im Laufe der Zeit Tücher und Kränze dazu.

Die Egge wurde später durch Holzwagen ersetzt, die mehr Möglichkeiten boten, den Sarg zu dekorieren. Nachdem Leichen erst per Kutschen und später auch mit Straßen- und Eisenbahnen transportiert worden waren, übernahm mit dem Aufkommen der Automobile der Pkw diese ehrenwerte Aufgabe, wobei sich bald die milchverglasten oder verdunkelten Rückscheiben durchsetzten.

Beschäftigst du dich mit dem Gedanken, dass liebe Menschen aus deinem Umfeld zeitnah beerdigt werden könnten?
Mit über fünfzig ist es auf jeden Fall eine gute Zeit, sich darüber Gedanken zu machen. Ich habe festgestellt, wie unwohl ich mich auf Beerdigungen fühle. Schon allein deshalb, weil ich nicht weiß, wie man sich richtig zu verhalten hat. Viele meiner Freunde waren Punks. Und wenn ein Punk stirbt, dann geht man davon aus, dass sich die Besucherinnen und

Über Trauer

Besucher nicht einfach ruhig und friedlich auf einen Friedhof stellen, sondern rauchen, trinken, rumbrüllen, kreuz und quer über den Friedhof laufen und sich auf Grabsteine setzen. Bloß: Dieses Punkige ist gegenüber den Eltern und Angehörigen in der Regel nicht angemessen. Die wollen ihr Kind, das zu Lebzeiten schon schwer zu handlen war, ganz gesittet unter die Erde bringen. In dieser ganzen Mischung fühle ich mich dann eher unwohl.

Eric: Mittlerweile habe ich Flake auf einigen Beerdigungen getroffen, und ich hoffe, wir konnten ihm so manche Bedenken nehmen. Vor einiger Zeit hat uns auch der alte Dixi auf einer Beerdigung begleiten dürfen, von seiner Motorhaube aus wurde Schnaps gereicht.

Es ist durchaus möglich, unterschiedliche Welten und Lebensvorstellungen auf einer Beerdigung zusammenzubringen. Und wenn es gar nicht anders geht, dann ist es auch vollkommen okay, Menschen voneinander zu trennen. Es ist nicht zwingend notwendig, dass Ü50-Punks mit den achtzigjährigen Eltern ihrer verstorbenen Freunde trauern müssen.

Im Grunde wollen alle Menschen das Gleiche: sich im Kreise ihrer Lieben von einem Menschen verabschieden, der einem etwas bedeutet hat. Traditionen sollten dabei erst mal egal sein, solange es einen Konsens der Zuwendung zur verstorbenen Person gibt. Besteht diese Grundhaltung, erlebe ich gerade bei älteren Semestern eine große Offenheit gegenüber den Ideen jüngerer Generationen. Wie es Flake so schön beschreibt: Oft halten die auch nur aus Überforderung an irgendeinem Quatsch fest, den sie mal gesehen oder gehört haben, der ihnen aber gar nicht hilft.

Wenn erst mal die Angst vor etwas Neuem oder Unerwartetem besiegt ist, dann kullern auch bei den Achtzigjährigen die Tränen, wenn die Ü50-Punks Musik machen und einen Freund besingen. Diesen Zustand zu erreichen, ist ein besonderes Ziel. Zumal es zeigt, wie wichtig es ist, gerade in der Trauer offen zu sein.

Der Sänger deiner früheren Band Feeling B, Aljoscha Rompe, ist schon 2000 gestorben, da war er erst 53 Jahre alt. Erinnerst du dich an seine Beerdigung?

Das tue ich, aber ich muss gerade an die Beerdigung von Frank »Tschaka« Schacker denken, ein Punk, der Sänger bei Ichfunktion war. Da hat sich niemand um den Ablauf gekümmert, es gab keine Zeremonie, keine Organisation. Alle standen nur ratlos um den Friedhofsangestellten mit der Urne in der Hand herum. Seine Mutter war mit der Situation völlig überfordert, es gab nicht mal Musik. Irgendwann fing ein Mädchen an zu singen, das war zwar sehr ergreifend, aber auch viel zu leise, niemand hat etwas verstanden. Die ganze Situation machte die Stimmung noch trauriger, als sie es eh schon war.

Wenn du sterben würdest, wer würde sich dann um dich und um alles kümmern?

Meine Frau. Die weiß sehr viel davon, wie ich mir mein Ende vorstelle. Ich habe sogar schon einen Baum in einem Friedwald gekauft. Wobei nicht ich zum Friedwald gekommen bin, sondern der Friedwald zu mir.

Das musst du mir erklären.

Schon in unserer ersten Wohnung in Prenzlauer Berg, in der Heinrich-Roller-Straße, habe ich gegenüber von einem

Friedhof gewohnt. Meine erste Erinnerung ist, wie ich auf dem Balkon sitze und auf diesen Friedhof schaue. Morgens galt mein erster Blick dem Friedhof, um nachzusehen, ob dort jemand beerdigt wird. Dreißig Jahre später bin ich aufs Land gezogen, und genau gegenüber von unserem Haus wurde aus dem Waldstück ein Friedwald gemacht. Eigentlich wollte ich in Prenzlauer Berg beerdigt werden, aber jetzt wird das in *meinem* Wald passieren. Ganz ehrlich, da hätte ich mich eh heimlich verbuddeln lassen wollen, jetzt ist das Ganze sogar offiziell möglich.

Eric: Was Flake hier als Friedwald beschreibt, ist am Ende nur eine Firma unter vielen. Die Idee dahinter – die Urnen von Menschen in einem möglichst naturbelassenen Wald beizusetzen – stammt aus der Schweiz. Dafür stellt in der Regel die Gemeinde für einen festgelegten Zeitraum Wald zur Verfügung, der dann über einen Anbieter für Beisetzungen genutzt wird.

Die Idee finde ich grundsätzlich gut. Der Wald wird dadurch einer anderen Nutzung entzogen und bleibt möglichst naturbelassen. Viele dieser Wälder haben schöne Ort geschaffen, um direkt vor Ort eine Abschiedsfeier stattfinden zu lassen. Wir beobachten allerdings, dass der Trend dahin geht, eine große Abschiedsfeier in der Stadt zu veranstalten und die eigentliche Beisetzung nur im allerengsten Kreis durchführen zu lassen.

Nachteil dieser Wälder ist oft die eingeschränkte Erreichbarkeit für junge oder alte Menschen. Und die Möglichkeiten, etwas Individuelles zu gestalten, ist in den Wäldern sehr begrenzt. Meistens ist nur ein kleiner Vermerk am Baum selbst gestattet. Was andererseits auch zu der großen Beliebtheit beigetragen hat, denn so müssen sich die Hinterbliebenen nicht um das Grab kümmern.

Viele Friedhöfe haben auf den Trend reagiert und bieten mittlerweile auf ihrem eigenen Gelände wunderbare Bestattungsalternativen an. Der Gang zum Friedhof lohnt sich, es hat sich eine Menge getan. Eine großartige Entwicklung!

Willst du dich verbrennen lassen?

Ja, das wäre völlig okay für mich. Ich möchte, dass ich auf meiner Beerdigung die unwichtigste Person bin und die Hinterbliebenen so wenig Stress wie möglich haben.

Auf der Rückseite deines Buches *Tastenficker* hast du geschrieben, dass dieses Buch vermutlich niemand lesen würde, wenn du nicht bei Rammstein spielen würdest. Was glaubst du, bleibt mal von dir, was nicht mit Rammstein zu tun hatte?

Schwierige Frage. Es stellt sich schon die Frage, ob man deshalb Musik macht, damit was nach dem Tod bleibt, als Grundantrieb, weil man so viel Angst vor dem Tod hat. Ähnlich wie ein Haus bauen oder Kinder kriegen. Dabei ist das Abschiednehmen doch nicht so wichtig. Entscheidend ist, dass man das Leben so lebt, dass sich die Menschen positiv an einen erinnern. Was ich auf jeden Fall weiß: Ich brauche kein Denkmal.

Im Friedwald ist immerhin eine kleine Plakette am Baum angebracht.

Wenn man denn will, selbst die brauche ich nicht. Was ich mache, ist doch nur dann von Bedeutung, weil ich in diesem Moment lebe. Nach dem Tod wird das alles hinfällig.

Welche Musik soll auf deiner Trauerfeier gespielt werden?
Darüber habe ich schon oft nachgedacht. Ich glaube, dass man von mir erwartet, dass mindestens ein Song von Rammstein darunter ist. Was auch Sinn ergibt, weil das einen Großteil meines Lebens ausmacht und ich mit den Jungs mehr Zeit verbracht habe als mit meinen Eltern. Letztlich bin ich zu dem Entschluss gekommen, dass es mir völlig egal ist, was auf meiner Beerdigung gespielt wird. Hauptsache ist doch, dass es meinen Freunden und Familienmitgliedern gefällt.

Würden deine Bandkollegen denn etwas für dich spielen?
Das würde ich nicht verlangen. Die sollen sich vergnügen und eine gute Zeit haben und nicht noch Musik machen müssen. Das ist auch wieder eine eitle Sache. Von mir aus dürfte auch »Brother Louie« von Modern Talking laufen, wenn sich die Trauergäste damit wohlfühlen.

Eric: Seit ich Flake mit seiner Band mal auf der Trauerfeier für einen Freund habe auftreten sehen, bin ich mir nicht mehr sicher, wie ernst er das mit Modern Talking meint. Was ich beobachten konnte: Selbst für einen gestandenen Musiker, der sonst vor Zehntausenden spielt, ist es eine besondere Herausforderung, für Verstorbene aus dem Freundeskreis zu singen.

Deshalb versuchen wir immer, einen Plan B in der Hinterhand zu haben für solche Fälle, weil es gut sein kann, dass die Stimme versagt oder die Hände zu sehr zittern. Interessant ist auch, wie nervös selbst erfahrene Musiker werden, wenn andere bekannte Kolleginnen und Kollegen im Kreis der Trauernden anwesend sind – als ob diese in dem Moment besonders kritisch hinhörten.

Du hast bereits zwei Bücher geschrieben. Auch um das eigene Leben zu reflektieren?

Nein, einfach aus Freude am Schreiben. Über das Leben denke ich auch so genug nach.

Und was kam dir da zuletzt in den Sinn?

Dass ich im Alter gelassener geworden bin. Jedenfalls bilde ich mir das ein. Ich muss nicht mehr so krampfig etwas erreichen. Und ich kann besser einschätzen, was wichtig ist und was nicht.

Ab 42 ist die Chance, dass einem etwas zustößt, wieder höher als im ersten Lebensjahr. Wie gehst du mit dieser Angst vor dem Tod oder Krankheiten um?

Früher dachte ich, dass manche Dinge deshalb nicht passieren, weil man Angst vor ihnen hat. Aber das ist natürlich Quatsch. Man kann auch Flugangst haben und trotzdem abstürzen. Man versaut sich mit der Angst nur die Lebenszeit.

Hat die Entscheidung pro Friedwald nur damit zu tun, dass er vor deiner Haustür gewachsen ist?

Deutsche Friedhöfe machen mir Angst. Dieses spießermäßig Gepflegte, alles so ordentlich, bevölkert von bösen Omas mit ihren Gießkannen, die natürlich ihre Männer überlebt haben. Da fühle ich mich bedroht wie in einem Neubauviertel, da möchte ich nicht sein. Geharkte Wege sind mir seit der Kindheit ein Graus. Deshalb kann ich mit den klassischen Friedhöfen sehr wenig anfangen.

Ich denke oft darüber nach, was man auf den Friedhöfen besser machen könnte. Hast du Ideen?

Eigentlich müssten es Orte sein, die Kinder gerne besuchen. Warum nicht Spielplätze auf deutschen Friedhöfen? Was ver-

Über Trauer

binden denn die Kinder mit ihren dort liegenden Großeltern? Eine schöne Zeit. Außerdem verstehe ich nicht, warum man gerade auf einem Friedhof leise sein muss, wenn eh alle tot sind.

Eric: Seit unserem Gespräch war ich mehrfach mit Flake auf Friedhöfen, dabei hat er sich davon überzeugen können, dass sich in dieser Hinsicht einiges tut. Richtige Spielplätze gibt es zwar nicht, aber zumindest Bereich, in die sich Menschen zurückziehen können, ohne eine Grabstelle zu besuchen. In Berlin wurde außerdem vor einigen Jahren auf einer stillgelegten Friedhofsfläche der Leisepark eröffnet.

Ich verstehe Flakes Frage zur Lautstärke zwar, aber ich muss ihm da widersprechen. Ja, es sollte alles erlaubt sein auf einem Friedhof, aber das wichtigste Ziel sollte es sein, niemanden in seiner Trauer zu stören. Flakes Vorstellung von Friedhöfen, die nicht mehr nur Friedhöfe sind, sondern auch Cafés anbieten oder Treffpunkte sind, haben viele Friedhöfe inzwischen in die Tat umgesetzt. Dieser Trend wird sich nicht aufhalten lassen.

Ich habe festgestellt, dass die wichtigste Person auf einem Friedhof der jeweilige Friedhofsverwalter ist. Der herrscht dort wie ein König. Und je nach Verwalter ist dann auch die Stimmung auf dem Friedhof. Leider tut sich hier in Sachen Modernisierung nur recht wenig. Es gibt auch in Berlin noch immer Friedhöfe, wo Kinder unter vierzehn Jahren nicht ohne Begleitung ihrer Eltern sein dürfen.

Ein positives Beispiel ist der Friedhof Grunewald, wo auch Nico von Velvet Underground begraben ist. Der ist so schön zugewachsen und gleichzeitig sehr friedlich. Eine andere Stimmung als bei diesen Friedhöfen, die aussehen wie Kleingartensiedlungen.

Da fällt mir ein Friedhof ein, auf dem die Gräber tatsächlich von kleinen Zäunen umrandet waren.

Am besten noch mit Stacheldraht. Werden eigentlich alle Toten in Deutschland beerdigt? Die passen doch gar nicht auf die paar Friedhöfe.

Grundsätzlich gibt es in Deutschland eine Bestattungspflicht, es muss jeder beigesetzt werden. Selbst die Körper, die der Wissenschaft gespendet werden, um die Beerdigungskosten zu sparen. In Berlin sterben jedes Jahr 30 000 Menschen, die müssen auf die 222 Friedhöfe verteilt werden. Allerdings lassen sich heute viel mehr Menschen verbrennen als früher. Das spart Platz.

Früher las ich die Todesanzeigen in der *Berliner Zeitung* und ging fest davon aus, dass das auch wirklich alle waren, die am Vortag verstorben waren. Bis ich realisierte, dass es lediglich die Menschen waren, für die man eine Annonce aufgegeben hatte.

Schön wäre eigentlich eine Seite in der Zeitung, wo wirklich alle Namen aufgelistet werden, die gestorben sind. In der Realität sterben in jedem Bezirk pro Jahr 250 Menschen, um die sich nach ihrem Ableben niemand kümmert.

Werden die denn auch bestattet?

Ja. Aber ohne dass jemand von ihnen Abschied nimmt. Wir hatten schon einige Fälle, in denen ich Kunden versprochen habe, dass bei der Beisetzung wenigstens ich anwesend sein werde. Hast du Kinder?

Habe ich.

Was haben die für ein Bild von ihrem Vater?

Die sind zum Teil zwanzig Jahre auseinander. Die Älteren kennen mich schon aus der Zeit, bevor ich berühmt wurde, die anderen erleben mich als Rentner.

Wenn die deine Bücher lesen, was können sie daraus mitnehmen?

Dass ich ein normaler Mensch bin, der Ängste hat und vielleicht menschlicher ist, als sie denken. Vielleicht würden sie dann auch verstehen, warum ich ihnen manchmal Dinge erlaubt oder verboten habe.

Bist du ein strenger Vater?

Nicht streng genug, aber ich lerne dazu. Ich sehe die Ergebnisse meiner fehlenden Strenge bei meinen älteren Kindern. Man tut seinen Kindern keinen Gefallen, wenn man sie einfach laufen lässt und nicht beschränkt. Gleichzeitig muss man die Balance finden, um sie zur Selbstständigkeit zu erziehen. Was das Thema Tod und emotionales Erbe angeht: Ich hoffe, dass ich meinen Kindern durch mein Zusammensein so viel von mir vermittelt habe, dass nach meinem Tod keine Fragen mehr offen sind.

Eric: Egal, mit wem ich über Trauer spreche, sie alle würden Flakes Worte unterschreiben. Keine Fragen mehr zu haben, ist ein wichtiges Ziel und hilft dabei, Konflikte erst gar nicht entstehen zu lassen und Akzeptanz zu schaffen. Einer unserer wichtigsten Hinweise an Familien und Freundeskreis lautet: Verbringt Zeit mit den Menschen, die sterben werden, geht den Weg mit ihnen. Alle, die dazu in der Lage waren, fühlten sich hinterher zwar nicht weniger traurig, waren aber gefestigter in ihren Positionen und hatten ein besseres Rüstzeug zur Hand, um mit der Trauer umgehen zu können. Mein Appell an euch Leserinnen und Leser: Sucht einen Bestatter, der euch genau dabei unterstützt. Glaubt mir, das hilft.

Würdest du mit deinen Kindern darüber sprechen, wenn du todkrank bist?

Ich denke schon. Allein schon deshalb, um ihnen die Situation zu erleichtern.

Viele Menschen, die zu uns kommen, konzentrieren sich zunächst sehr auf die Trauerfeier, nur um dann festzustellen, dass die auch bloß ein Puzzleteil unter vielen ist. Wichtig ist vielen auch, sich bereits zu Lebzeiten angemessen verabschieden zu können. Welche Verbindung hast du zum Beispiel zu Hospizen?

Ehrlich beschäftigt habe ich mich damit noch nicht, aber alles, was ich bislang darüber gehört habe, habe ich als sehr positiv empfunden. Ich selbst würde mir allerdings wünschen, so lange wie möglich in meinen eigenen vier Wänden zu bleiben. Ich hätte es dann ja zum Glück nicht weit bis zu meiner Grabstelle.

Du müsstest lediglich kurz vorher noch ins Krematorium.

Dafür setze ich mich dann einfach selbst ins Auto. Tatsächlich hatte ich schon mal die verrückte Idee, statt einem Mercedes-Stern eine kleine Urne mit meiner Asche auf der Motorhaube zu installieren. Dann könnten meine Kinder mit Papa durch die Gegend fahren. Als Auto käme dafür nur ein 123er-Mercedes infrage, für mich der Inbegriff des guten Autos, da stimmt alles. Das mit der Asche wäre doch sicherlich kein Problem, oder?

Tatsächlich schon. Die Urnen, wie du sie kennst, sind Schmuckurnen. In ihnen steckt die eigentliche Aschekapsel, und die ist versiegelt. Offiziell muss die Asche beigesetzt werden. Wenn man in manchen Krematorien freundlich fragt, kann es allerdings sein, dass man etwas Asche abgefüllt bekommt. Eigentlich ist das illegal.

Dann dürfte Berlin doch ein guter Ort sein, um nachzufragen, oder?

Unter uns: Bessere Chancen hat man da in Brandenburg.

Passt mir geografisch gut. Die Trauerfeier könnten wir bei mir zu Hause machen, und der Baum mit zehn Plätzen ist auch schon gekauft.

Was für einen Baum hast du dir eigentlich ausgesucht?

Eine Buche. Die finde ich wunderschön. Meine ist jung, die hat die letzten Stürme gut überstanden.

Dein Bandkollege Paul hat mir mal erzählt, dass er sich einen Grabstein wünscht, aus dem seine Stimme erschallt, wenn Friedhofsbesucher daran vorbeilaufen.

Ja, ihm gefällt der Gedanke, die Menschen noch als Toter zu erschrecken. Ich bleibe dabei, dass ich meinen Leuten so wenig Aufwand wie möglich machen möchte. Deshalb soll es auch jemanden geben, der durch die Trauerfeier führt. Bloß keine ratlosen Pausen bei meiner Beerdigung.

Durchschnittlich geht jeder Deutsche alle achtzehn Jahre auf eine Beerdigung, die meisten sind also nicht wirklich geübt darin. Wir handhaben es bei uns so, dass wir die Besucherinnen und Besucher gleich am Eingang begrüßen

und ihnen kurz erklären, wie die Trauerfeier ablaufen wird. Die allermeisten sind auch sehr dankbar, so an die Hand genommen zu werden.

Die beste Beerdigung, auf der ich bislang war, wurde von einem Schauspieler geleitet. Der hatte sich als Pastor verkleidet und sich richtig ins Zeug gelegt. Asche zu Asche, Staub zu Staub – so wie der das gesagt hat, klang es endlich mal richtig! Die meisten Pastoren nuscheln sich in den Bart, er wiederum hat den Leuten genau das geboten, was sie sich gewünscht haben. Alle hatten das gute Gefühl, richtig betreut worden zu sein. Ich würde mir auch wünschen, dass auf meiner Beerdigung gelacht wird. Mache ich selbst gerne bei Trauerfeiern. Schließlich kommen da viele Leute zusammen, die sich lange nicht gesehen haben. Warum sollte man überhaupt trauern auf einer Trauerfeier? Um den Toten trauern bringt doch nichts, der kriegt davon nichts mit. Und wenn man sich nicht selbst betrauert, dann sollte man es doch eigentlich feiern, dass man diesen Menschen, der jetzt nicht mehr da ist, gekannt hat.

Trauern ist tatsächlich ein egoistisches Gefühl. Ich frage die Trauergemeinde häufig nach den schönsten Momenten, die sie mit dem oder der Verstorbenen verbinden. Welche Momente würdest du bei dir rauspicken?

Vermutlich Szenen, die ich mit meinen Kindern erlebt habe.

Auch besondere Auftritte?

Die verschwimmen eher zu einem Brei aus Erinnerungen. Vermutlich kämen mir eher andere Momente mit der Band in den Sinn: nach dem Gig zusammen im Bus sitzen, irgendwo noch in den Club fahren, ein bekloppter Videodreh, so was.

Über Trauer

Christian »Flake« Lorenz, geboren 1966 in Ostberlin, absolvierte eine Lehre als Werkzeugmacher, wollte eigentlich Arzt werden und machte dann doch als Musiker Weltkarriere. Als er im Alter von zehn Jahren nach einem Autounfall lange in einem Krankenhaus bleiben musste, schenkte ihm sein Vater einen Minett-Kassettenrekorder. Seinen ersten Bühnenauftritt hatte er mit vierzehn bei einem Rockschulfest in einer Schule in Prenzlauer Berg. Nach ersten Gehversuchen in Bands wurde er 1983 mit sechzehn Jahren Mitglied von Feeling B, einer DDR-Punkband. Nachdem sich die Band aufgelöst hatte, wurde er 1994 Keyboarder bei Rammstein – in den folgenden Jahrzehnten stieg Rammstein zu einer der größten und bekanntesten Musikgruppen der Welt auf und hat bis heute über zwanzig Millionen Tonträger verkauft. Der begeisterte Wanderer und mehrfache Familienvater hat zwei Bücher geschrieben: Der Tastenficker *(2015) und* Heute hat die Welt Geburtstag *(2017). Weil er nach eigener Aussage große Angst vor Flugzeugabstürzen hat, trägt er bei Flügen das Trümmerteil eines abgestürzten Flugzeugs mit sich – weil es statistisch unmöglich sei, dass ein Stück Flugzeug zweimal abstürzt.*

Die Schauspielerin **Anke Engelke** über Trauerreden

»Frauen frieren in der Trauer ein. Und tauen erst nach der Beerdigung auf – meistens mit einem bitteren Gefühl.«

Anke Engelke hat eigentlich viel zu viel Freude am Leben, um sich mit dem Tod zu beschäftigen. Doch in der Netflix-Serie Das letzte Wort *(2020) spielt sie eine Frau, die erst ihren Mann verliert und sich anschließend dafür entscheidet, als Trauerrednerin zu arbeiten. Wie bereitet man sich auf so eine Rolle vor? Was lernt man vom Leben, was lernt man über den Tod? Und welche Lehren hat sie daraus gezogen? Im Gespräch geht es um einfühlsame Drehbuchschreiber und die individuellen Bedürfnisse von Menschen in der Trauer.*

Eric Wrede: **Ich habe einen Tinnitus und höre mir abends im Bett immer die *Simpsons* an. Mit keiner anderen Stimme bin ich vermutlich häufiger eingeschlafen als mit Marge Simpsons alias Anke Engelke.**

Anke Engelke: Aber das ist bestimmt unangenehm. Ich quietsche doch wie die Original-Marge.

Ich schlafe dabei fantastisch.

Und du brauchst nicht das Bild dazu?

Nee, ich brauche nur die Töne, weil ich die Folgen eh alle auswendig kenne. Und das beruhigt mich so sehr, dass ich

nach fünf Minuten einschlafe. Aber wir wollen hier nicht über meinen Tinnitus sprechen, sondern über dich. Wenn mir einer vor zehn Jahren gesagt hätte, dass sich ein großes Medium traut, eine Serie über eine Frau zu machen, die ihren Mann verliert und anschließend damit beginnt, in einem Bestattungsunternehmen zu arbeiten, hätte ich das nicht geglaubt.

Weil du selbst Teil dieser Welt bist oder weil du glaubst, dass unsere Gesellschaft nicht bereit ist für so ein Thema?

Ich glaube, dass sich in den vergangenen fünf bis sechs Jahren sehr viel geändert hat. Auf einmal trauen sich die großen Medien, über den Tod und das Sterben zu schreiben. Lange Zeit schien das wie ein Killer-Thema zu sein, das die Menschen abschreckt, aber das Gegenteil ist der Fall. Du spielst in der Netflix-Serie *Das letzte Wort* Karla Fazius, die überraschend ihren Mann verliert und sich anschließend entschließt, als Trauerrednerin zu arbeiten. Beim Zuschauen dachte ich: Mein Gott, sind die mit mir bei der Arbeit mitgelaufen, haben die mich etwa heimlich gefilmt? So nah dran ist die Serie an der Realität.

Ich kriege hier gerade eine Gänsehaut.

Was ich am schönsten finde, ist, dass ihr es geschafft habt, die Ambivalenz von Trauer darzustellen. Dass Trauer nämlich nicht nur traurig ist, sondern auch wütend, auch mal lustig. Was ich gerne wissen möchte: Wie hast du reagiert, als man mit der Idee auf dich zukam, eine Serie über das Sterben zu machen?

Erst mal bin ich gerührt von dem, was du da sagst, weil du für unsere Arbeit an dieser Serie sehr wichtig warst. Die Serie

Anke Engelke

wurde von Menschen geschrieben, die sich mit dem Tod oder mit Trauerrednern eigentlich gar nicht so gut auskennen. Die Ursprungsidee stammt von Thorsten Merten, der in der Serie den Bestatter Andreas Borowski spielt. Thorsten war auf einer Beerdigung, auf der aus seiner Sicht vieles sehr schieflief. Gemeinsam mit Regisseur Aron Lehmann und Drehbuchautor Carlos Irmscher hat er sich das Ding ausgedacht.

Du spielst Karla, deren Mann in der Nacht ihrer Silberhochzeit ein Aneurysma erleidet, stirbt und sie damit völlig aus der Bahn wirft. Er ist eigentlich Zahnarzt, ist aber heimlich aus seinem Job ausgestiegen und hat sich eine Werkstatt aufgebaut, in der er malt. Das entdeckt sie nach seinem Tod und fällt aus ihrem bürgerlichen Leben hart in die Realität.

Du hast etwas übersprungen. Denn sie scheint am Anfang ziemlich souverän zu sein. Im ersten Gespräch mit dem Bestatter schwärmt sie von ihrem Mann, dem besten Mann der Welt. Sie wünscht sich ein Begräbnis, bei dem man diese Liebe auch spürt. Da ist sie wahnsinnig positiv aufgeladen in ihren Ansprüchen. Das ist rein psychologisch schon mal sehr interessant: Wie sehr ist man – in diesem Fall als Witwe – nach dem Tod in einer Art Schockstarre, wo man sich vielleicht etwas vormacht und fest davon ausgeht, mit dem Ganzen gut umgehen zu können? Wie oft erlebst du diese vorgegebene Souveränität in deiner alltäglichen Arbeit?

Ich finde es spannend, dass es tatsächlich häufig Frauen sind, die glauben, in dieser Phase der Trauer alles im Griff zu haben. Deine Karla erlebt ihren Zusammenbruch in dem Moment, als sie vom Doppelleben ihres Mannes erfährt. In der Realität erlebe ich Frauen, die bis zur Trauerfeier funk-

tionieren, sich um alle anderen kümmern – Oma, Kinder, Freunde – und erst danach zusammenbrechen. Und es ist auch gar nicht so selten, dass sie dann Entdeckungen über ihren verstorbenen Partner machen, die ihnen zuvor verborgen geblieben sind.

Für uns war es beim Drehen oft ein Thema, ob Karla nicht noch häufiger hätte moralisch argumentieren müssen. Nach dem Motto: Wie konnte mein Mann nur mit einer Lüge, mit einem Geheimnis leben? Ich habe in der Vorbereitung mit einer Trauerrednerin gesprochen, die mir ein sehr interessantes Bild mitgegeben hat: Man muss sich vorstellen, dass gerade Frauen in der Trauer einfrieren und erst nach der Trauerfeier auftauen. Nicht mit einem schönen Gefühl, sondern eher mit einem bitteren.

Sehr häufig erlebe ich dann Wut. Wut auf den Verstorbenen, der die Frau allein zurückgelassen hat.

Genau. »Wie konntest du das tun? Wir waren doch ein eingespieltes Gespann?«

Eric: Sosehr sich Rollenbilder aufgelöst oder verschoben haben, so sehr beobachten wir, wie viele Menschen gerade in Extremsituationen in alte Muster zurückfallen. Gerade in der Care-Arbeit und bei sozialen Fragen innerhalb von Freundeskreisen und Familien spielen Frauen eine wichtigere Rolle als Männer. Das birgt viele Gefahren für Trauerprozesse. Menschen werden in ihrer Trauer übersehen, weil sie gewisse Aufgaben übernehmen oder ihre Wünsche klarer formulieren. Durch die automatisch übernommene Funktionsrolle verdrängen sie jedoch unterbewusst oft ihre Bedürfnisse. Dabei müssen wir wiederum vorsichtig sein, um unsere eigene Haltung nicht auf die Familien zu übertragen. Häufig geht es dabei auch weniger um klassische Geschlechterrollen, als vielmehr um Rollen, die in der Trauer eingenommen werden. Das hat mit den Personen zu tun, aber auch mit der Art des Verlustes. Sich dieser Faktoren bewusst zu sein und sie zu verstehen, ist entscheidend für die angemessene und passende Begleitung im Abschied.

Der Opa meiner Frau hatte einen ähnlich »schönen« Tod wie dein Serien-Ehemann Stefan. Der ist einfach eingeschlafen und nicht mehr aufgewacht. Für seine Frau war dieser schnelle Tod schwerer zu verstehen und zu verarbeiten als das langsame Sterben durch eine Krankheit. Eine andere Beobachtung in der Serie betrifft die Kinder des Verstorbenen. Da kommt die Tochter und fängt erst mal an, die Finanzen von Mama zu regeln. Wieder eine starke Parallele zur Realität – dass trauernde Menschen eine Aufgabe brauchen, um sich an irgendetwas festzuhalten.

Und um gleichzeitig auch der eigentlichen Hauptperson – in diesem Fall der Witwe – deutlich zu machen: Du kannst das jetzt nicht.

Das stimmt. Und das ist ja oft auch wirklich so. Gerade die Szene in der Serie, als die Tochter ihre Mutter mit den Finanzen konfrontiert, ist sehr nah dran an der Realität. Mich würde interessieren, inwiefern ihr dazu recherchieren konntet. Und wie hast du dich selbst darauf vorbereitet, diese Szenen dann zu spielen?

Jetzt kommt eine Standardantwort, die du von Schauspielerinnen und Schauspielern häufig zu hören bekommst: Wenn das Buch gut ist, musst du dich echt nicht sorgen. Gleichzeitig kommt es nicht selten vor, dass man seine Drehbücher vollknallt mit Notizen, eigenen Recherchen, einem psychologischen Unterbau und so weiter. Bei *Das letzte Wort* hatte ich den Eindruck: Es ist alles da, die Konstellation ist so gut gebaut, dass sich vieles von selbst erklärt. Zum Beispiel: Das Verhältnis zu ihrer Tochter Judith zeigt, wie Karla eigentlich tickt. Und man lernt Karla noch besser kennen über ihre Peergroup, da greift ein Rädchen ins andere.

Deine Freundin Sarah Kuttner hat mit mir über ihr Buch gesprochen, in dem es darum geht, wie Eltern mit dem Tod ihres Kindes umgehen. Da kam die Frage auf, wie oft sie von Betroffenen damit konfrontiert wurde, dass man so etwas nur schreiben kann, wenn man es selbst erlebt hat.

Da ist die Analogie zum Schauspiel: Du musst nicht jemanden getötet haben, um eine Mörderin spielen zu dürfen.

Ich bin trotzdem immer wieder beeindruckt von der Intensität. In deinem Fall verfällt Karla irgendwann in so einen katatonischen Zustand, dass sie zu nichts mehr in der Lage ist. Solche Erfahrungen musst du dir angeeignet haben. Wie war das in diesem Fall?

Erstens stand dazu schon viel im Buch. Zweitens profitiere ich in solchen Szenen davon, dass ich mit großartigen Kolleginnen und Kollegen zusammenarbeite, die es einem sehr leicht machen, in der Rolle aufzugehen. Drittens muss man für solche Momente – zum Beispiel in der Szene, in der die ganze Situation Karla die Luft zum Atmen nimmt – gar kein Schauspieler sein. Jeder Mensch trägt einen Rucksack mit sich herum, der im Laufe des Lebens immer größer wird. Da sind so kleine Pakete drin, manche besser verschnürt als die anderen. Und wenn man so richtig in seiner Figur aufgeht, sich an extreme Situationen und Emotionen herantraut, dann werden selbst Päckchen aufgemacht, von denen man gar nicht glaubte, dass sie zu öffnen sind. Wie in diesem Fall, wo ich mich mit dem Gefühl auseinandersetzen musste, all den Schmerzen eines großen Verlustes entsprechenden Raum zu geben.

Eric: Gute Trauerredner wecken vor allem die Fantasie der Zuhörerinnen und Zuhörer.. Bislang habe ich leider erstaunlich wenig gute Rednerinnen und Redner gehört. Niemand, wirklich niemand braucht einen vorgetragenen Lebenslauf oder aufgebackene Zitate von Schopenhauer oder Goethe. Menschen brauchen Emotionen. Im besten Fall weckt eine gute Rede diese Emotionen, welcher Art auch immer. Das funktioniert mit klug gesetzten Leerstellen, mit einem festen Fundament im Inhalt und einer lyrischen Dekoration. Das schönste Kompliment für einen Trauerredner lautet: »Du gehörst doch zur Familie, oder?«

Die Zahl der Trauerredner ist insbesondere während der Corona-Pandemie stark angestiegen. Das hat, vorsichtig formuliert, aber nicht immer für einen Zuwachs an Qualität gesorgt. Das hat auch mit dem recht simplen Geschäftsmodell zu tun: Rede schreiben, vortragen, Rechnung über 500 Euro stellen.

Ich glaube, dass die besten und schönsten Zeilen über einen Menschen aus dessen direktem Umfeld kommen. Lieber höre ich eine verweinte, aber sehr persönliche Rede als eine professionelle mit Schauspielerstimme vorgetragene. Ganz schlimm sind für mich Reden, die austauschbar sind. Bei denen der Verstorbene nur noch ein Platzhalter ist und natürlich immer warmherzig, freundlich und großzügig war. Jeder Mensch ist anders, jeder Mensch braucht eine andere Abschiedsrede. Individualität sollte auch hier das Ziel sein.

Mein Eindruck ist, dass es etwas mit einem macht, wenn man sich intensiver mit der Thematik Tod auseinandersetzt. Wie war es bei dir?
Ich habe festgestellt, dass man froh und dankbar sein sollte, wenn jemand so »einfach« stirbt, wie mein Serien-Ehemann. Weitergedacht bedeutet das allerdings auch: Was lerne ich daraus, wenn ich bei diesem Szenario daran denken muss, was ich zu Lebzeiten gegenüber der mir lieben Person alles hätte besser machen können. Jeden Tag so zu leben, als sei es dein letzter, klingt natürlich vollkommen abgedroschen. Und doch ist das letztlich eine Erkenntnis aus diesem Gedankenspiel. Oft saß ich nach den Drehtagen in der Bahn, dachte an Menschen, die mir wichtig sind, und dass ich mich eigentlich mal wieder bei ihnen melden sollte.

Ich habe eine kleine Tochter und bin jetzt selbst im mittleren Alter. Bei all den Menschen, die ich schon bestatten musste und die in meinem Alter oder jünger waren, drängt sich automatisch das Szenario auf, selbst früh zu sterben. Und wie es dann meiner Tochter geht und den Menschen, die mich vermissen. Das löst schon gewisse Ängste aus.
Sind diese Ängste stärker geworden, seitdem du Vater geworden bist?

Ja. Auf einmal übernimmt man die Verantwortung für einen Menschen.
Das verstehe ich total. Irgendwann überlegt man sich: Okay,

mein Kind braucht mich noch ein paar Jahre, also mindestens so und so lange, bis es zumindest okay wäre, nicht mehr da zu sein. Das setzt einen unter Druck.

Genau den Gedanken hatte ich auch. Und dann habe ich etwas ganz Absurdes gemacht, ich habe eine Versicherung abgeschlossen. Ich dachte mir: Was braucht mein Kind? Liebe, Zuneigung – und Geld. Jedenfalls genug davon, bis es auf eigenen Beinen steht. Und was sich außerdem bei mir geändert hat, ist der Wunsch, meine Lebenszeit nicht unnötig zu verschwenden. Zum Beispiel mit langweiligen Programmen im Fernsehen. Das will ich nicht zulassen.

Das Gefühl kenne ich. Gleichzeitig muss man natürlich aufpassen, sich nicht selbst zu überhöhen. Wenn man zum Beispiel Gespräche beendet, weil man genau weiß, dass sie einen nicht weiterbringen. Ich bin von einem Journalisten gefragt worden, ob ich damit rechne, dass mich Zuschauer der Serie auf der Straße ansprechen, um mir vom Begräbnis ihrer Mutter zu erzählen. Ich sage: Kommt alle her und textet mich gerne zu, auch wenn ich vielleicht nur zwei Minuten Zeit habe, bis meine Bahn einfährt. Ich mag es, wenn die Menschen miteinander reden.

Ich verspreche dir, dass das geschehen wird.

Und dann muss ich einfach nur zuhören, oder?

Ja. Ich glaube, das ist das Klügste, was man in so einer Situation machen kann. Das ist das, was die Menschen wollen, gerade wenn sie mitten in der Trauer stecken: immer wieder ihre Geschichte erzählen.

Ein Trauerredner, mit dem ich mich für die Serie unterhalten habe, hat mir erzählt, dass er mal ein Experiment gewagt hat. Er hat Menschen, die ihm völlig überfordert von der eigenen Leidensgeschichte ihre Story erzählt haben, teils abstruse Zwischenfragen gestellt oder einfach mal ein Wort reingeworfen haben, was gar nicht passte. »Flaschenöffner«, wenn sein Gegenüber gerade von der toten Frau berichtete. Das nahmen die gar nicht wahr, weil sie so sehr in ihrem Tunnel waren. Einfach laut denken, hat er mir gesagt, hilft den meisten Trauernden enorm. Das erinnert mich immer an das Buch *Das Jahr magischen Denkens* von Joan Didion, die über die Trauer nach dem Tod ihres Mannes geschrieben hat. Erinnerungen wie: wo standen die Schuhe, wann habe ich mit ihm wo telefoniert, wo war er da, wo saß er da. Einfach all die Gedanken, die einem in der Trauer kommen.

Deine Karla zeigt auch jene Hilflosigkeit, die Menschen in der Trauer überfällt. Ich habe Trauernde erlebt, die seit vierzig Jahren im selben Haus wohnen und sich im Gespräch mit mir nicht mehr an ihre Postleitzahl erinnerten. Das zeigt ihr in der Serie, und deswegen glaube ich, dass sie viele Zuschauerinnen und Zuschauer bewegt, aber auch Mut macht. Menschen, die in Trauersituationen kommen, stellen sich viele Fragen dazu, wie sie sich eigentlich verhalten sollen – oder müssen: Wann darf ich wieder ein Date haben?

Muss ich jetzt in der Vergangenheit über meinen toten Mann sprechen?

Die Bandbreite der Gefühle ist enorm. Ich habe viele erlebt, die sich dafür geschämt haben, weil auf der Trauerfeier gelacht wurde. Können wir jetzt lachen, wenn Papa tot ist? Dabei ist das völlig okay. Genauso wie, dass man seinen verstorbenen Ehemann auch mal scheiße dafür finden kann,

dass er gestorben ist. Die Generation meiner Oma zum Beispiel musste ein Jahr lang traurig sein, andere Emotionen waren nicht erlaubt. Ich weiß noch, wie ich drei Monate nach dem Tod meines Opas mit ihr auf einer Veranstaltung war und sie bei einem Glas Rotwein gerade anfangen wollte zu lachen, sich aber schnell wieder zusammenreißen musste. Weil das nicht richtig gewesen wäre. Eure Serie zeigt auch diese Aspekte sehr gut.

Wie oft erlebst du es eigentlich in deiner täglichen Arbeit, dass die Gedanken der Angehörigen um den Satz kreisen: »Das hätte ihm/ihr bestimmt gefallen?« Meine Karla sagt das in der Serie sehr häufig. Zum Beispiel: »Die Musik machen wir selbst, das hätte Papa so gewollt.« Ich finde das persönlich etwas anmaßend, habe mich aber dann in der Rolle dazu entschieden, Karlas Bedürfnissen zu folgen.

Das passiert tatsächlich ganz oft, und ich versuche dann immer gegenzusteuern, indem ich die Angehörigen frage: »Was brauchst du? Wie willst du dich verabschieden?« Und auch das braucht Sensibilität. Ich denke da an die Szene in der Serie, als der Bestatter sie mit der Frage überrascht, ob sie einen Tag später bei der Kremation dabei sein will, und sie das in diesem Moment gar nicht klar entscheiden kann. Ich möchte den Angehörigen möglichst ein paar Tage Bedenkzeit geben. Hast du dir eigentlich schon mal Gedanken darüber gemacht, wie du dich darauf vorbereiten würdest, dass du irgendwann einfach nicht mehr da bist?

Manchmal habe ich an all die Umzugskartons gedacht, die in meinem Keller darauf warten, ausgeräumt zu werden. Wer müsste diese undankbare Aufgabe übernehmen, wenn ich tot sein sollte? Aber solche Gedanken kommen sehr selten. Weniger aus Gründen der Verdrängung. Vielleicht ist es Faulheit. Vielleicht auch die Freude am Hier und Jetzt, die Freude am Leben.

Wohin gehst du, wenn du trauerst? Was brauchst du dafür?

Musik bedeutet mir sehr viel. Ich spiele kein Instrument und bin auch keine überragende Sängerin, aber ich singe sehr gerne. Und wenn ich auf dem Weg zur Arbeit bin, ob auf dem Rad oder in der Bahn, summe ich vor mich hin. In der Musik finde ich Schönheit, Gnade, alles. Außerdem bin ich gerne draußen, am liebsten laufe ich einfach irgendwo durch die Gegend. Und da kommt es immer mal wieder vor, dass ich dabei anfange zu weinen.

Hast du einen Wunsch, was eure Serie bei den Menschen auslösen soll?

Vielleicht das Bedürfnis oder den Mut, sich offener und freier mit dem Thema Tod zu beschäftigen. Keine Angst mehr davor zu haben, über das Leben und das Sterben zu sprechen. Damit hätte man doch schon mal eine ganze Menge erreicht.

Eric: Wenn man sich in der Öffentlichkeit mit Themen beschäftigt, bei denen sich die meisten Menschen schwertun, birgt das immer die Gefahr, dass man für allwissend gehalten wird. Wenn einer wie der Wrede nicht nur Bestatter und Trauerbegleiter ist, sondern auch noch Bücher darüber schreibt oder in Podcasts darüber spricht, muss er doch auf alle Fragen eine Antwort haben.

Ich bekomme regelmäßig sehr persönliche Geschichten überliefert, viele haben allerdings auch einfach Fragen, auf die ich selbst keine Antwort geben kann. Das ist die wichtigste Lehre aus den vergangenen Jahren: dass man zwar Aufmerksamkeit für das große Thema Tod erzeugen kann (und sollte), die Antworten auf die großen Fragen aber immer nur von den Personen beantwortet werden können, für die das Thema gerade aktuell ist. Erdbestattung, ja oder nein? Warum Urnenbestattung? Warum kann ich meinen Schmerz nicht teilen? Wie lange darf ich trauern, wie lange sollte ich? Ab wann brauche ich Hilfe? Es gibt keine universellen Antworten auf diese Fragen. Nur Hilfestellungen. Aber allein, dass wir über diese Fragen diskutieren, ist schon mal ein Fortschritt.

Anke Engelke wurde 1965 in Montreal geboren, 1971 zog die Familie nach Rösrath bei Köln. Als Kind sang sie im Chor und begleitete unter anderem Peter Frankenfeld, Heino und Udo Jürgens. Schon als Jugendliche moderierte sie eine Sendung bei Radio Luxemburg, später moderierte sie eine Kindersendung und veröffentlichte eine Single. Nationale Berühmtheit erlangte sie als Mitglied der Sat.1-Sendung Die Wochenshow, *für ihre eigene Show* Ladykracher *bekam sie mehrere Preise, unter anderem mehrfach den Deutschen Comedypreis. Engelke ist nicht nur Comedian, sondern auch Sängerin, Moderatorin, Schauspielerin – und seit 2007 die deutsche Stimme von Marge Simpson. Außerdem engagiert sie sich u. a. als Botschafterin für das deutsche Medikamenten-Hilfswerk »action medeor« und ist Gastdozentin für Kreative Fernsehproduktion an der Kunsthochschule für Medien Köln (KHM). Engelke hat drei Kinder und wohnt in Köln.*

Die Musikerin **Judith Holofernes** über Trost

»Sterben sollte man üben,
solange man noch dazu in der Lage ist.«

Nur wenige deutsche Künstler werden sich schon so intensiv mit dem eigenen Tod beschäftigt haben wie Judith Holofernes. Als praktizierende Buddhistin hat die frühere Sängerin der Band Wir sind Helden bereits Sterbeseminare besucht. In ihren Songs und im Privatleben beschäftigt sie sich außerdem mit der Frage, wie das eigentlich geht mit dem richtigen Trauern und dem Dasein für andere Menschen – zum Beispiel für ihre eigenen Kinder. Mit Eric hat sie darüber gesprochen, welche Rolle dabei starke Elefanten spielen, wie der Tod einen doch immer wieder auf dem falschen Fuß erwischen kann und wie viel es wert ist, dass sie mit ihren eigenen Eltern schon offen und ehrlich darüber gesprochen hat, was einmal sein soll, wenn die nicht mehr da sind.

***Eric Wrede:* Judith Holofernes, wenn man zu deiner Person und dem Thema Tod recherchiert, findet man nicht viel. Der einzige offensichtliche Bezugspunkt ist dein Name.**

Judith Holofernes: Der ist mir tatsächlich mit neunzehn eingefallen, als ich auf dem Weg zu meiner ersten Bandprobe in einen Vorort von Freiburg gefahren bin. Der Ursprung ist die alttestamentarische Geschichte der jüdischen Witwe Judith, die dem assyrischen Feldherrn Holofernes den Kopf abschlägt und damit ihr Volk befreit. Was mir an dem Namen gefällt, ist seine Schizophrenie. Beide Feinde in einem Atemzug, zusammengekettet in einem Künstlernamen.

Du hast mit deiner Band Wir sind Helden im Frühjahr 2012 bekannt gegeben, dass die Zusammenarbeit für unbestimmte Zeit beendet wird. Glaubst du, dass Menschen auch um Bands trauern können?

Ja, das glaube ich schon. Allein deshalb, weil ich das als Fan selbst erlebt habe. Als David Bowie starb, habe ich wirklich für eine lange Zeit sehr intensiv getrauert. Das ging mir sehr nahe. Mein Mann zum Beispiel kann das nicht nachvollziehen, obwohl auch er ein großer Musikfan ist. Ich verstehe, wie intensiv und lebensbegleitend die Kunst einer Band oder einer Musikerin beziehungsweise eines Musikers für Menschen sein kann. Früher war es nicht möglich, aber heute, bei meinen Solokonzerten, gehe ich nach den Auftritten zu meinen Gästen und gebe Autogramme. Ich erinnere mich an einen Fan, der mir dabei sagte, dass die Auflösung von Wir sind Helden für ihn so gewesen sei, als habe man ihn an einem heißen Tag im Auto vor dem Supermarkt warten lassen und vergessen, die Scheibe runterzukurbeln.

Warum habt ihr euch damals eigentlich nicht aufgelöst?

Das erschien uns zu radikal, zu gewaltsam. Allerdings habe ich schon oft darüber nachdenken müssen, ob das nicht vielleicht sogar leichter gewesen wäre. Für die Fans, für uns und alles, was danach gekommen ist und kommen wird. Deshalb hat mich dieser Satz des Mannes doch sehr getroffen. Irgendwie schien es mir, als hätten wir ihm und anderen die Möglichkeit genommen, richtig zu trauern.

Über Trost

Du hast über den Tod von Bowie gesprochen: Haben deine Kinder damals mitbekommen, dass Mama getrauert hat?

O ja, da war Mama traurig. Ich muss gerade an einen Podcast denken, für den die Autorin Sharon Salzberg mit der Musikerin und Johnny-Cash-Tochter Rosanne Cash gesprochen hat. Dabei ging es auch um Elvis Costello und seine Frau Diana Krall. Rosanne Cash berichtete, wie sie sich mit Diana Krall darüber ausgetauscht hat, was einem die Musik des eigenen Ehemannes bedeuten kann. Und Krall verriet ihr, dass es sie mit den alltäglichen Auseinandersetzungen innerhalb der Beziehung versöhne, wenn sie Elvis Costello singen höre. Weil sie das Gefühl hat, über seine Songs den echteren Elvis zu sehen als im normalen Alltag. Dass sie ihn über die Tiefe seiner Kunst immer wieder neu lieben kann und in seine Seele blicken darf. Da musste ich an David Bowie denken. Wenn man einen Menschen seit vielen Jahren über seine Songs und sein Songwriting kennt, freundet man sich auf irgendeine Art tatsächlich mit ihm an – ohne ihn persönlich zu kennen.

Hat dir das die Erkenntnis erleichtert, wie Menschen um das Ende eurer Band trauern konnten?

Ehrlich gesagt fiel mir der Blick darauf schwer, was auch damit zu tun hat, dass wir die Helden noch lange am Leben erhalten haben, was mich sehr viel Kraft gekostet hat. Fünf Jahre mit zwei kleinen Kindern im Tourbus gehen an die Substanz. Ich bin sehr dankbar für die Zeit, aber ich habe einen hohen Preis bezahlt. Ein Grund, warum es so lange noch weiterlief, war mein Verantwortungsgefühl gegenüber den Fans.

Judith Holofernes

Eric: Judith hat ein gutes Gespür für die Sollbruchstellen des Lebens, mit denen wir uns alle beschäftigen müssen. Und für Fragen, die dazugehören. Wie weit geht meine Verantwortung zum Schutz von anderen? Wie hoch ist der Preis, den man bezahlt, wenn man andere beschützt?

Judith spricht hier über das Ende einer Band, die vielen Menschen etwas bedeutet hat. Wenn es um das Ende eines Lebens geht, dann plädiere ich dafür, so offen und ehrlich mit allen Begleiterscheinungen umzugehen. Wir haben in dieser Hinsicht alle einen Anspruch auf die Wahrheit. Egal, wie alt wir sind, egal, wie die Gesamtsituation aussieht. Natürlich muss ich nicht jedem Kleinkind bis ins letzte Detail erklären, wie so eine Krebserkrankung aussieht. Aber es ist vollkommen okay und richtig, auch einem Kind zu erklären, dass bei so einer Erkrankung die Möglichkeit besteht zu sterben. Ganz besonders dann, wenn es um einen Menschen geht, der diesem Kind wichtig ist.

Das wichtigste Gut in Extremsituationen ist Sicherheit und Zusammenhalt. Und niemandem ist dabei geholfen, über den Ernst der Lage nicht Bescheid zu wissen. Deshalb ermutigen wir Menschen immer wieder, ihrem Umfeld Dinge und Emotionen zuzutrauen – auch wenn der Instinkt, schützenswerte Menschen zu schützen, so groß ist. Schutz ist in diesem Fall relativ und sehr individuell. Wie viel anders kann das Gespräch zwischen Enkel und Opa sein, wenn der Enkel weiß, dass das vielleicht der letzte Besuch im Krankenhaus sein könnte? Wie viel anders ein Treffen, das es in der Form vielleicht nicht mehr geben wird?

Trauer und Verantwortungsgefühl begegnen mir in meiner täglichen Arbeit als Bestatter sehr häufig. Das ist ein schmaler Grat. Zum Beispiel wenn Menschen sich fast selbst auf-

geben, weil sie sich um einen sterbenden Angehörigen kümmern. **Hast du dich mit deiner Familie schon auf den Fall vorbereitet, falls es mal in eurem Umfeld dazu kommen sollte?**

Ich habe schon mit siebzehn Erfahrungen in diesem Bereich sammeln müssen, als ein Mensch, der mir sehr nahestand, schwer krank war und ich mich innerlich darauf einstellte, mich von ihm zu verabschieden. Die Person hat die Krankheit glücklicherweise besiegt, mich hat das aber trotzdem sehr geprägt. Nicht zuletzt weil ich mir schon als Kind viele Gedanken über den Tod und das Abschiednehmen gemacht habe. Was ich als sehr tröstlich wahrgenommen habe: dass man im Ernstfall Kräfte mobilisiert, von denen man nicht mal ahnte, dass sie in einem stecken.

Kräfte für dich oder Kräfte für andere?

Kräfte für mich, um in existenziellen Situationen zu bestehen. Ähnliches Beispiel ist die Schwangerschaft, auf die man noch so gut vorbereitet werden kann. Wenn man es dann erlebt, wie der eigene Körper im Extremfall Drogen und Hormone freisetzt, ist das dennoch eine unglaubliche Erfahrung. Auf diese Konstellation aus Herausforderung und Kräften kann man nicht präzise vorbereitet werden. Darüber habe ich mal ein Lied geschrieben: »Ein Elefant für dich«. Der Refrain lautet: »*Ich werde riesengroß für dich / Ein Elefant für dich / Ich trag dich meilenweiter/ Übers Land / Und ich / trag dich so weit wie ich kann/ Und am Ende des Wegs, wenn ich muss / Trag ich dich /Trag ich dich über den Fluss*«.

Das Lied begleitet mich bis heute, weil es vielen Menschen, die in ähnlichen Situationen gesteckt haben, viel bedeutet und ich dementsprechend häufig mit den Reaktionen konfrontiert werde.

Für dich steht der Elefant also für die Kraft, die du mit siebzehn entwickelt hast?

Ja, unter anderem. Vielleicht war diese Kraft damals auch etwas zu groß für mich. Kräfte entwickeln ist eine Sache, die Schultern zu breit werden lassen, eine andere. Ich habe da definitiv bis heute mit zu tun.

Wir arbeiten eng mit einem Kinderpsychologen zusammen. Der hat mir erklärt, dass man die Fähigkeit, jemanden loszulassen, erst lernen muss. Dass das eine Kompetenz ist wie viele andere auch. Gerade mit Kindern kann man das üben, das gilt allerdings auch für den späteren Lebensverlauf. Wenn ich in den Wochen nach einem Sterbefall mit Menschen spreche, dann sind die häufig ganz verwundert, wie gut manche Angehörige mit dem Tod umgehen. Zitat: »Das hätten wir nicht erwartet.«

Ich finde es sehr tröstlich zu wissen, dass ich im Ernstfall in den Notfallmodus schalten kann. Ich habe noch immer viel Angst vor Abschied und Trennung, und das erreicht noch ein mal ein anderes Level, wenn man Kinder hat. Ich meditiere seit vielen Jahren und habe mich im Rahmen meiner buddhistischen Praxis auch schon oft mit dem Tod auseinandergesetzt, zum Beispiel in Form von Sterbeseminaren. Was mich dabei überrascht hat, ist die Erkenntnis, wie schwer man Türen wieder zubekommt, wenn man sie erst mal aufgemacht hat. Zum Beispiel gab es in einem Seminar den richtigen Hinweis, dass schwangere Frauen diese und jene Übung nicht mitmachen sollten. Weil es eben nicht so passt, sich auf bestimmte Art mit dem Tod auseinanderzusetzen, wenn man gerade dabei ist, ein neues Leben wachsen zu lassen. Zum Zeitpunkt des Seminars war ich nicht schwanger, weshalb ich die Übungen mitgemacht habe. Vier Monate später war ich schwanger, und die Erschütterung über die Erfahrung von damals hat mich sehr mitgenommen. Weil die Angst vor dem Tod auf einmal so wahnsinnig groß wurde.

> Eine kleine Übersicht darüber, wie die vier großen Weltreligionen neben dem Christentum mit dem Thema Tod und Abschied umgehen:
>
> Für einen Hindu ist der Tod nur eine weitere Stufe auf der Leiter des Lebens. Der **Hinduismus** kennt einen unsterblichen Kern in jedem Lebewesen, der immer weiter existiert. Das Baden, Salben und Einkleiden in weißen möglichst schmucklosen Tüchern dient dazu, die Seele nicht abzulenken. Die Leichen werden mit den Füßen zuerst aus der Hintertür des Hauses getragen und vom erstgeborenen Sohn entzündet.
>
> Ziel für jeden Hindu ist es, in der heiligen Stadt Varanasi am heiligen Fluss Ganges verbrannt zu werden. Der Tod gilt als Erlösung und an diesem besonderen Ort als das Ende aus dem ewigen Kreislauf aus Geburt, Tod und Wiedergeburt. Wer hier verbrannt wird, wird keine weltlichen Qualen mehr erleiden.
>
> Wer an einem anderen Ort verbrannt wird, folgt dem Pfad des vorherigen Lebens. Lediglich Hindus der obersten Kaste können diesem Kreislauf entfliehen, bei den unteren entscheidet das Karma, in welcher Form man wiedergeboren wird.

Im **Judentum** sollen nicht mehr als 24 Stunden verstreichen, bis ein Verstorbener beerdigt ist, einer der Gründe dafür, warum die Nachricht über einen Todesfall meist in Form von Handzetteln verbreitet wird. Der wichtigste Brauch – Schiwa (Sieben) – beginnt direkt nach dem Tod. Die engsten Angehörigen empfangen dabei eine Woche lang zu Hause Besuch. Sieben Tage lang soll es dabei nicht einsam und still sein. Auch hier wird der Leichnam sehr bescheiden bestattet, der Tote bekommt ein Leinentuch und maximal einen einfachen Holzsarg. Wer am Grab Respekt zeigen möchte, hebt ein Steinchen vom Boden auf und legt es symbolisch aufs Grab.

Leben und Tod sind im **Islam** untrennbar miteinander verbunden. Das Dasein auf Erden ist nur die Vorstufe zum Paradies. Entgegen der landläufigen Annahme (»Klageweiber« gibt es, allerdings nur in wenigen Kulturen) wird die Trauer eher verhalten ausgedrückt, um nicht den Eindruck zu erwecken, Gottes Handeln infrage zu stellen. Abschiednehmen und Trauer folgen festen Ritualen: Waschung der Toten, einkleiden des Leichnams in weiße Gewänder, das Grab ist schmucklos, ohne Sarg wird der Körper auf die rechte Seite gebettet, nach Mekka schauend. Der Tod verwischt auch hier soziale Unterschiede, im Tod sind alle Menschen gleich, Männer und Frauen trauernd aber getrennt. Nach vierzig Tagen kommen die Trauernden erneut zusammen, nach 120 Tagen wird die Trauer offiziell beendet.

Über Trost

Buddhisten glauben an die Wiedergeburt, doch solange nicht das Nirwana, der Zustand des höchsten Glücks, erreicht wird, bleibt der Tod eine schmerzhafte Erfahrung. Seine Gefühle braucht der Buddhist nicht zu unterdrücken, in der Regel wird jedoch eher still getrauert. Anders als im Islam oder Judentum wird der Körper des Verstorbenen noch tagelang im Haus oder Tempel aufgebahrt, bevor er verbrannt wird. So haben auch weit entfernt lebende Angehörige die Möglichkeit, sich noch einmal zu verabschieden. Die Asche wird im Fluss oder im Meer verstreut, kann aber auch in einer Urne aufbewahrt werden. Manche Familien heben die Gebeine der Toten im Tempel auf. Die Bestattungen und Trauerzeremonien selbst können sich von Region zu Region unterscheiden. In Thailand zum Beispiel waschen die engsten Angehörigen den Körper und bedecken ihn mit einem Tuch, ehe sich andere Verwandte symbolisch am Akt der Reinigung beteiligen. Dabei liegt der Tote auf einem Tisch, die Besucher gießen Wasser über die ausgestreckte rechte Hand. Anschließend wird der Körper eingekleidet und in einen mit Blumen geschmückten Sarg gelegt, der Deckel wird verschlossen. Während vier Mönche die täglichen Gebetsstunden abhalten, versammeln sich Freunde und Verwandte um den Sarg und verzeihen dem Toten, wenn er ihnen Leid zugefügt haben sollte. Umgekehrt entschuldigen sich die Hinterbliebenen beim Toten, falls sie ihm Schmerz verursacht haben.

Als Bestatter bin ich fast jeden Tag mit dem Tod in Kontakt. Ich habe die Erfahrung gemacht, durch den regelmäßigen Umgang damit entspannter zu werden. Entspannt genug, die Dinge so zu nehmen, wie sie kommen. Das hat sehr viel Angst aufgelöst. Vermutlich alles eine Frage der Übung. Ich erinnere mich an einen Fall, bei dem die buddhistische Frau eines Mannes verstarb, der mit ihrer Religion nicht viel anfangen konnte, es seiner Frau aber vor ihrem Tod versprochen hatte, die Bestattungsriten einzuhalten. Er litt eher unter der Art und Weise, wie sich da verabschiedet wurde. Zum Beispiel war es sehr schwer für ihn, seine Frau nach ihrem Ableben nachts aus dem Krankenhaus nach Hause zu holen. Womit wir wieder zu der Frage kommen, wie man Trauer und Verantwortungsgefühl am besten miteinander kombiniert. Wie wäre es bei dir? Würdest du einen verstorbenen Angehörigen zu dir holen?

Was ich aus meinen Erfahrungen gelernt habe: dass ich das vermutlich machen würde, um in diesem Moment, in dieser Situation alles zu geben, was ich zu leisten imstande bin. Um dann mit so viel Weisheit und Liebe wie möglich zu reagieren, damit ich mich und andere auch nicht überfordere. Pflege ist noch einmal ein anderes Thema, weil ich da aus Beobachtungen im entfernten Familienkreis erlebt habe, wie belastend es sein kann, wenn man dafür vielleicht gar nicht gemacht ist. Sich nicht zu überschätzen, ist auch eine wichtige Fähigkeit. Ich finde es wichtiger, dass man bis zum Ende emotional für einen Menschen da ist, als die Last körperlich zu bewältigen.

Über Trost

Eric: Es bleibt einer der schwierigsten Aspekte meiner Arbeit, wenn sich die Bedürfnisse von Versterbenden und ihrem Umfeld nicht oder nur schwer in Einklang bringen lassen. Die verschiedenen Bedürfnisse von Trauernden kann man zwar gut handlen, doch das Gefühl der Verpflichtung oder ein schlechtes Gewissen, weil man Wünsche und Umstände von Versterbenden nicht erfüllen oder einhalten kann, sind der ideale Nährboden für einen schwierigen Trauerverlauf.

Da unterscheiden sich auch Kulturkreise und/oder Religionen gar nicht groß voneinander. Es kommt eher darauf an, wie man die verschiedenen Vorstellungen miteinander vereinbart – wenn zum Beispiel sehr gläubige Menschen, denen die Vorstellung von einem Leben nach dem Tod, einer Erlösung im Himmelreich Kraft und Ruhe schenkt, auf Menschen treffen, die nicht daran glauben und viel Unterstützung in ihrer Trauer benötigen. Das passiert tatsächlich sehr häufig.

Ich habe im Laufe der Jahre gelernt, wie wichtig Menschen die Umstände sind, unter denen sie die letzte Phase mit den Verstorbenen verbracht haben. Es macht einen großen Unterschied, ob ich die Chance hatte, mich angemessen zu verabschiedet oder nicht. Auch, ob ich mir vielleicht schon zu Lebzeiten die Gelegenheit gegeben habe, mich meiner Trauer zu stellen, oder ich dazu im Stress zwischen Alltag und Pflege keine Zeit gefunden habe.

Deshalb ist es so wichtig, dass die Menschen wissen, welch großartige Möglichkeiten die moderne palliative Betreuung zu bieten hat. Die Hospizbewegung hat sich in Deutschland in den vergangenen Jahrzehnten zum Glück rasant entwickelt, die Hilfsmaßnahmen für Versterbende und ihre Angehörigen sind zahlreich und ausgereift.

Sprecht ihr in der Familie über solche Themen?
Mit meiner Mutter habe ich das schon sehr ausführlich getan. Auch über die Fragen, wie wir reagieren sollten, wenn sie kognitiv eingeschränkt sein sollte. Mein Vater hat eine Patientenverfügung.

Und du wärst auch bereit dazu, die Verfügung im Ernstfall umzusetzen?
Ja. Dabei herrscht innerhalb der Familie genügend Respekt untereinander, um den Wünschen dann auch nachzukommen. Mein Vater hat sich außerdem mit allen besprochen, alle sind im Bilde, alle sind sich einig.

Damit bist du schon zwei Schritte weiter als die meisten – dass du von beiden Elternteilen in dieser Hinsicht Informationen erhalten hast. Ganz oft führt genau diese Unwissenheit zu Problemen.
Ich bin mir bewusst, dass sie mir damit einen riesigen Gefallen getan haben.

Ich muss an zwei Brüder denken, die zu uns kamen, weil ihr Vater verstorben war. Die sind über zig Friedhöfe in Berlin gelaufen, um die passende Grabstelle zu finden. Sie wussten ungefähr, wie ihr Vater bestattet sein wollte, aber letztlich fehlten ihnen dann doch die nötigen Informationen. Dabei hatten sie sich vor dem Tod intensiv mit ihrem Vater ausgetauscht, teilweise die Gespräche sogar aufgenommen. Doch über solche Details wie den passenden Friedhof oder andere wichtige Dinge sprachen sie nicht. Vermutlich weil sie sonst das Gefühl bekommen hätten, schon zu Lebzeiten ein Ausrufezeichen hinter den Tod ihres Vaters zu setzen.

Umso dankbarer bin ich, dass meine Eltern so furchtlos mit dem Thema umgehen. Mein Vater besucht zum Beispiel auch Sterbeseminare – und kommt dann oft sehr gut gelaunt davon zurück. *(Lacht.)*

Musstest du schon mit deinen Kindern über den Tod reden?

Ja. Als der Erste von unseren Großeltern starb, war das sehr schwierig. Überraschend schwierig. Weil ich mich schon so intensiv mit dem Thema beschäftigt hatte, glaubte ich zu wissen, wie ich im Ernstfall mit meinen Kindern umgehen würde. Als es dann passierte, war ich mit den Kindern allein zu Hause, weil mein Mann das Sterben aktiv begleitet hatte. Ich war so sehr mit seiner Trauer, meiner Trauer und der Trauer der Kinder beschäftigt, dass ich an die Grenze dessen kam, was ich mich eigentlich zu leisten imstande gesehen hatte.

Was war es, was dich am meisten gefordert hat?

Ich konnte die Trauer meiner Kinder nicht so gut allein stehen lassen. Obwohl ich wusste, dass man Trauer sich ausbreiten lassen muss und nicht zu schnell ins Trösten kommen darf. Ich war aber so gebeutelt, dass ich das nicht ausgehalten habe. Ich hatte auch nicht damit gerechnet, dass das nachts um 23 Uhr passieren würde und ein weinendes Kind das andere weckt. Später habe ich es bereut, zu schnell die Trauer verarzten zu wollen.

Auch deshalb haben wir vor einiger Zeit gemeinsam mit der Evangelischen Kirche und der Stephanus-Stiftung die Initiative »Kindertrauer Berlin« gegründet. Da geht es unter anderem darum, trauernde Kinder von ihren Eltern wegzuholen. Kinder spiegeln ihre Eltern. Wenn du weinst, werden deine Kinder vermutlich auch weinen.

Und wenn du es aber nicht tust, weil du glaubst, dich lieber in den Dienst der Familie stellen zu müssen, kann das negative Auswirkungen haben.

Genau. Bei »Kindertrauer Berlin« gibt es unter anderem das Angebot, dir einen ehrenamtlichen und auf Kinder spezialisierten Trauerbegleiter dazu zu holen, wenn sich abzeichnet, dass ein Angehöriger bald sterben wird. Den kann man dann entsprechend briefen, und wenn man möchte, kommt diese Person dann auch mit zur Trauerfeier. Außerdem kann das überführt werden in eine Art Kindertrauergruppe. Das soll ein Ort sein, wo Kinder zwei Sachen lernen: Wie kann ich Trauer umsetzen, beispielsweise wenn ich jemanden vermisse? Und – gerade für Kinder, die ein Elternteil verlieren – die Information, dass man nicht die oder der Einzige ist, dem oder der so etwas passiert ist. Ein Beispiel aus der Praxis: Wir hatten kürzlich einen Fall, wo Mama im Hospiz sein konnte, um sich von Papa zu verabschieden, während sich zu Hause ein ehrenamtlicher Trauerbegleiter um die Kinder gekümmert hat. So hatte sie genügend Zeit und Freiraum, um Abschied zu nehmen. Das nicht zu haben, war ihre größte Sorge gewesen.

Wenn ich mit Freunden über den Tod spreche, stelle ich immer wieder fest, wie dankbar ich dafür bin, ein spirituelles Zuhause zu haben. Und gleichzeitig, wie wenig seelsorgerische Alternativen es eigentlich gibt.

Was wir gerade auch vermehrt anbieten wollen, sind Räume für Menschen, die ihre Eltern verloren haben. Ganz simpel. Hier ist ein Raum für euch, ein bisschen Rotwein, kommt zusammen und tauscht euch aus. In dieser Hinsicht hat sich viel bewegt, was auch mit der Generation deiner Eltern zu tun hat, die sich viel offener mit dem vermeintlichen Tabuthema Tod beschäftigten und so erst die Möglichkeiten geschaffen haben. Sollen die eigentlich bei euch in Berlin beerdigt werden?

Meine Mutter sagt, dass sie ihr Herz in Freiburg und in Berlin hat und es uns am liebsten so unkompliziert wie möglich machen will. Bei meinem Vater weiß ich es ehrlich gesagt nicht. Ich glaube aber, dass es bei ihm ähnlich ist. Jetzt, wo ich darüber nachdenke, fällt mir auf, dass wir zwar schon sehr offen über dieses Thema gesprochen haben, aber ich dir nicht genau sagen könnte, was im Ernstfall zu tun wäre.

Was ich den Leuten gerne mitgebe, ist der Vorschlag, bei solchen Dingen gar nicht zu sehr ins Detail zu gehen, sondern Eckpfeiler einzubauen. Zum Beispiel die Frage, wie man bestattet werden möchte. Ich möchte nicht entscheiden wollen, ob ein Mensch verbrannt oder nicht verbrannt werden soll. Auch der Ort ist wichtig, das lässt sich im Vorfeld klar bestimmen. Und gleichzeitig sollte den Angehörigen auch immer noch etwas Freiraum gelassen werden, was den Umgang mit dem Verstorbenen angeht. Da komme ich wieder auf das Thema Kinder und Trauer zurück, weil ich mich bis heute damit schwertue, einem Kind zu erklären, warum ein Mensch verbrannt wird.

Ich habe das Gefühl, dass gerade Kinder ganz gut auf Erklärungen anspringen, die mit dem Zyklischen zu tun haben. Also zurück in die Erde gehen, und aus der Erde kommt wieder ein Baum. Dass man ein Teil des Lebens bleibt, können Kinder gut nachvollziehen. Auf der anderen Seite ist das Verbrennen auch eine Überführung der Energie und lässt sich dadurch gut vermitteln. Wir haben mit unseren Kindern ein Ritual, dass wir Briefe schreiben und sie dann verbrennen. Wünsche mit Feuer in den Himmel schicken, das ist der Hintergedanke.

Da hatte ich ein schönes Erlebnis in einer Kindergartengruppe, wo für die Kids klar war, dass man verbrannt werden muss, um in den Himmel zu kommen. Rauch, der nach oben steigt – wie soll man denn sonst nach oben kommen, wenn es keinen Fahrstuhl gibt? Andererseits können Kinder eine Erdbestattung in der Regel deutlich einfacher greifen. Beim Thema Verbrennen rate ich den Eltern meistens, die Kinder einfach mitzunehmen, wenn es ins Krematorium geht. Damit das alles fassbarer wird. Was wünschst du dir eigentlich für deinen Tod?

Ein leichter Tod ist mein höchstes Lebensziel.

Leicht heißt schnell?

Nein. Egal wie. Aber ich möchte damit einverstanden sein zu gehen. Egal wann und egal wie. Ich weiß, dass ich mir den Zeitpunkt nicht aussuchen kann, was eine gewisse Dringlichkeit in meine spirituelle Praxis befördert. Vor einiger Zeit lag ich aufgrund eines Zervikalsyndroms für drei Wochen flach. Ich konnte kein Buch halten, keinen Laptop, jede Bewegung verursachte höllische Kopfschmerzen. Da habe ich das erste Mal verstanden, dass man auch unter echt schwierigen Bedingungen sterben kann. Die Gewissheit, sich ganz langsam und mit Begleitung von dieser Welt zu verabschieden, ist uns nicht gegeben.

Über Trost

Eric: Vielleicht haben Buddhisten da einen kleinen Wissensvorsprung, den uns die Wissenschaft erst langsam bestätigt. Es gibt Chancen auf einen leichten Tod. Unser Körper bereitet sich von selbst aufs Sterben vor, und so weit wir wissen, wird der allerletzte Schritt zwischen Leben und Tod kein schwieriger sein. Dank der modernen Neurologie können wir inzwischen sogar gut nachvollziehen, was im Gehirn passiert, wenn wir sterben.

Neunzig Prozent der Menschen müssen sich leider darauf einstellen, keinen leichten Tod zu haben.
Ich finde die Vorstellung schon krass, wie sehr man dann von Schmerzen und Übelkeit und anderen Begleiterscheinungen geplagt wird und wie schwierig es dann wird, eine gewisse Geistesverfassung zu halten und zu pflegen. Aber all das gibt mir eigentlich nur mehr Zunder, um so viel zu praktizieren, wie man nur kann. Sterben üben, solange man fit ist.

Eric: Dieser letzte Satz hat mich ein wenig neidisch auf Judith gemacht. Denn den Mut für solche Praktiken oder den Gang zu entsprechenden Sterbeseminaren hatte ich bislang noch nicht. Ich vermute, dass mir mein eigener Atheismus dabei im Weg steht. Allerdings glaube ich, dass dieser große Schritt gar nicht notwendig ist. Es reicht aus, sich regelmäßig bewusst zu machen, dass wir irgendwann einmal sterben werden. Was das für unser weiteres Leben bedeutet, was wir noch tun möchten, erreichen wollen. Und wie gut wir uns und unser Umfeld darauf vorbereiten können. Stichwort Vorsorge. Fassen wir es so zusammen: Von Zeit zu Zeit gedanklich sterben zu üben, ist eigentlich eine ziemlich gute Idee.

Judith spricht auch darüber, zu wie viel Leid wir wohl fähig sind. Ich persönlich glaube nicht, dass ich sehr leidensfähig wäre. In diesem Zusammenhang empfehle ich noch einmal, sich ausführlich mit dem Thema Sterbehilfe zu beschäftigen. Und wenn man sich dafür entschieden hat: auch sein Umfeld davon in Kenntnis zu setzen.

Es ist schwer, mit Menschen, die noch jung, aber leider sterbenskrank sind, Klartext zu sprechen. Gleichzeitig sehe ich das auch als meine Aufgabe an, diesen Menschen, die vermutlich auch noch für eine Familie verantwortlich sind, deutlich zu machen, dass es zu ihrer Pflicht gehört, sich beispielsweise um einen geordneten Nachlass zu kümmern.

Man tut sich selbst und allen anderen einen großen Gefallen, wenn alles, was im Vorfeld geklärt werden kann, auch geklärt wird. Ich wünsche mir für mich, dass ich Ja sagen kann zum Tod – egal, wann er kommt. Auch wenn ich weiß, dass ich nicht weiß, wie viel Zeit mir bis dahin noch gegeben sein wird. Ich bin bislang mit sehr viel Willenskraft in meine spirituelle Praxis gegangen. Ich war auf Schweige-Retreats, habe viele andere Erfahrungen gesammelt und auf Festivals vierzig Minuten lang im Tourbus meditiert – den wummernden Bässen zum Trotz. Als die Kinder kamen, blieb mir einfach nicht mehr die Zeit, da war ich in meiner Praxis ganz woanders, als dort, wo ich schon mal stand. Ich weiß für mich allerdings, dass mein größter Fehler wäre, meinen Übungen nicht genügend Zeit und Raum zu geben. Darüber habe ich sogar mal ein Lied geschrieben. Es heißt: »Ich werde mein Leben lang üben, dich so zu lieben, wie ich dich lieben will, wenn du gehst«. Das trifft es gut.

Über Trost

Du bist ja nicht nur Judith, du bist auch immer noch Pop. Wenn man das beides berücksichtigt: Wie sähe wohl deine Bestattungszeremonie aus?
Natürlich sollen alle meine Lieder singen.

Judith Holofernes, geboren am 12. November 1976 in Westberlin als Judith Holfelder-von der Tann, studierte zunächst Gesellschafts- und Wirtschaftskommunikation an der Universität der Künste in Berlin, engagierte sich bei der politischen Aktionsform Adbusters und lernte Anfang des Jahrtausends im Popkurs Hamburg die Musiker Pola Roy und Jean-Michel Tourette kennen, mit denen sie schließlich die Band Wir sind Helden gründete. Die Alben der Helden verkauften sich millionenfach, in ihren Texten setzte sich die Band regelmäßig mit politisch relevanten Themen auseinander und avancierte zur Speerspitze einer Entwicklung der deutschen Musik, der man das Label »Neue Neue Deutsche Welle« verpasste. Im Frühjahr 2012 gaben Wir sind Helden bekannt, die Zusammenarbeit für unbestimmte Zeit pausieren zu lassen. Holofernes, seit 2006 mit Pola Roy verheiratet, mit dem sie inzwischen zwei Kinder hat, arbeitete anschließend an ihrer Solokarriere weiter. Neben der Musik ist sie als Autorin, Podcasterin und praktizierende Buddhistin aktiv. 2022 erschien ihr autobiografisches Buch Die Träume anderer Leute.

Danke

Vor allem allen, die nicht die Nerven verloren haben, weil es wie immer viel zu lange gedauert hat.
Und natürlich.
Katja Seydel V.
Perle Matilda Wrede.
Siv-Marie Wrede und Puffa.
Juri | Marc | Cornelis.
Onkel Frank.
Und immer Massuda.
Der Sputnik-Crew.
Allen Menschen bei »lebensnah«, die mit mir arbeiten müssen.
radioeins, dass sie meinen Podcast on air gelassen haben, und hier natürlich vor allem:
Gabi Beck und Robert Skuppin.
Jedem einzelnen Gast aus den letzten Jahren.
Markus Naegele und Alex Raack für die großartige Unterstützung bei dem Buch.

URSULA OTT
bei btb

Das Haus meiner Eltern hat viele Räume
Vom Loslassen, Ausräumen und Bewahren

192 Seiten, 978-3-442-77056-4

Das Elternhaus. Es ist zu groß geworden für die alten Eltern. Es steht vielleicht sogar weit weg vom Leben, Lieben und Arbeiten der Kinder, die in der Mitte des Lebens genug mit sich selbst zu tun haben – und jetzt doch entscheiden müssen:
Was machen wir mit dem Ort unserer Kindheit?
Wie verabschieden wir die Heimat in Würde?
Was hat für uns als Familie wirklich noch einen Wert und was muss weg?

Gezwisterliebe
Vom Streiten, Auseinandersetzen und Versöhnen

208 Seiten, 978-3-442-77454-8

Geschwisterbeziehungen sind die längsten – und oft auch kompliziertesten – Beziehungen unseres Lebens. Auch in vermeintlich intakten Familiengeschichten finden sich kleine und große Traumata, unausgesprochene Verletzungen und mitunter herbe Enttäuschungen, die tiefer sitzen, als wir es zugeben wollen.

Die Journalistin, Bestsellerautorin und Schwester Ursula Ott erkundet in ihrem neuen Buch die vielen Spielarten der »Gezwisterliebe«, lässt Expert*innen und Betroffene zu Wort kommen und zeigt auf, welche Wege es geben kann, um selbst aus verfahrensten Situationen auszubrechen und gemeinsam ein neues, besseres Kapitel in der Geschwisterbeziehung aufzuschlagen.

btb